Stand Upright of Northeast Asian Ancient History

동북아고대사정립

東北亞古代史正立

1

서문(序文)

동북아고대사난제(東北亞古代史難題)

요수(遼水) ➡ 연장성동단(燕長城東端) 양평현(襄平縣)과 요동고새(遼東故塞) ➡ 패수(浿水) ➡ 만리장성동단(萬里長城東端)이 위치한 진고공지(秦故空地) ➡ 패수(沛水) ➡ 요동외요(遼東外徼) ➡ 고조선(古朝鮮) 중심지가 서쪽에서 동쪽 방향으로 위치한다.

학설 1)

진개(秦開)의 동정(東征) 이전, 연(燕)의 동쪽 국경은 요수(遼水)이다.

학설 2)

진(秦)과 고조선(古朝鮮) 간(間) 국경은 패수(沛水)이다.

학설 3)

요수(遼水)는 고죽국(孤竹國)의 영토 내(內)에서 흐르는 대하천(大河川)이다.

학설 4)

요수(遼水)와 패수(浿水) 사이 고죽국(孤竹國)의 영토는 연(燕)과 고조선(古朝鮮) 간(間) 완충지대(緩衝地帶)였다.

학설 5)

패수(浿水)와 패수(沛水) 사이의 땅은 고조선(古朝鮮)의 종속국인 진번(眞番)의 영토였다.

학설 6)

진개(秦開)의 동정(東征) 이후, 연(燕)은 고죽국(孤竹國)의 영토 내(內)에 연장성동단(燕長城東端) 양평현(襄平縣)을 방어하는 요동고새(遼東故塞)를 축성(築城)하였으며, 연(燕) 요동군(遼東郡)을 설치했다.

[학설 7]
진개(秦開)의 동정(東征) 이후, 연(燕)의 동쪽 국경은 패수(浿水)이다.

[학설 8]
패수(浿水)와 패수(沛水) 사이 진요동(秦遼東)까지 만리장성(萬里長城)이 축성(築城)되었고, 진요동(秦遼東)에 진(秦) 요동군(遼東郡)이 설치되었다.

[학설 9]
[진(秦)의 전성기]
요수(遼水) ➡ 연장성동단(燕長城東端) 양평현(襄平縣)과 요동고새(遼東故塞) ➡ 패수(浿水) ➡ 만리장성동단(萬里長城東端)이 위치한 진요동(秦遼東) ➡ 패수(沛水) ➡ 요동외요(遼東外徼) ➡ 고조선(古朝鮮) 중심지가 서쪽에서 동쪽 방향으로 위치한다.

[학설 10]
[진(秦) 말기(末期)]
요수(遼水) ➡ 연장성동단(燕長城東端) 양평현(襄平縣)과 요동고새(遼東故塞) ➡ 패수(浿水) ➡ 고조선(古朝鮮)이 서쪽에서 동쪽 방향으로 위치한다.

[학설 11]
한(漢)과 고조선(古朝鮮) 간(間) 국경인 패수(浿水)는 북쪽에서 남쪽으로 흐르는 하천이다.

[학설 12]
요동외요(遼東外徼)의 성격은 타국(他國)의 점령지에 설치한 임시 군사 요새(要塞)이다.

[학설 13]
진고공지(秦故空地)는 진요동(秦遼東)의 별칭(別稱)이다.

[학설 14]
요수(遼水)는 유수(濡水)로 개칭(改稱)되었다.

[학설 15]
요수(遼水)는 대요수(大遼水)와 동일(同一)한 하천이 아니다.

학설 16)

한(漢)은 고조선(古朝鮮)을 멸망시킨 후, 낙랑(樂浪) 땅 북부 지역에 한(漢) 요동군(遼東郡) 속현(屬縣)들을 설치했다.

학설 17)

한(漢)은 낙랑(樂浪) 땅 북부 지역의 서쪽 경계였던 패수(沛水)를 대요수(大遼水)로 개칭(改稱)했다.

학설 18)

하천명(河川名)의 개칭(改稱)으로 요수(遼水)와 패수(沛水) 사이에 위치했던 패수(浿水)가 유수(濡水)와 대요수(大遼水) 사이에 위치한다.

학설 19)

한서지리지(漢書地理志) 낙랑군(樂浪郡) 편(篇)에 기록된 패수(浿水)는 대요수(大遼水) 동쪽 낙랑(樂浪) 땅 남부 지역에서 흐르는 하천으로 한(漢)과 고조선(古朝鮮) 간(間) 국경인 패수(浿水)와 동일(同一)한 하천이 아니다.

학설 20)

수경(水經)에 기록된 패수(浿水)는 후한낙랑군(後漢樂浪郡)의 영토에서 흐르는 하천으로 전한낙랑군패수(前漢樂浪郡浿水)와 동일(同一)한 하천이 아니다.

학설 21)

후한낙랑군(後漢樂浪郡)은 전한낙랑군(前漢樂浪郡) 동쪽에 위치한다.

따라서 후한낙랑군패수(後漢樂浪郡浿水) 또한 전한낙랑군패수(前漢樂浪郡浿水) 동쪽에 위치한다.

학설 22)

[동북아고대사정립(東北亞古代史正立)의 입문학설(入門學說)] [유미학설(柳美學說)]

요수(遼水)에서 개칭(改稱)된 유수(濡水) ➡ 패수(浿水) ➡ 패수(沛水)에서 개칭(改稱)된 대요수(大遼水) ➡ 전한낙랑군패수(前漢樂浪郡浿水) ➡ 후한낙랑군패수(後漢樂浪郡浿水)가 서쪽에서 동쪽 방향으로 위치한다.

학설 23)

[동북아고대사난제(東北亞古代史難題)의 해법학설(解法學說)] [명환학설(明煥學說)]

유수(濡水) ➡ 연장성동단(燕長城東端) 양평현(襄平縣)과 요동고새(遼東故塞) ➡ 패수(浿水)

➡ 만리장성동단(萬里長城東端)이 위치한 진고공지(秦故空地) ➡ 대요수(大遼水) ➡ 요동외요
(遼東外徼) ➡ 전한낙랑군패수(前漢樂浪郡浿水) ➡ 후한낙랑군패수(後漢樂浪郡浿水)가 서쪽에
서 동쪽 방향으로 위치한다.

학설 24)

BC 206년, 새롭게 건국된 요동국(遼東國)의 도읍은 요수(遼水) 서쪽에 위치한 무종(無終)이다.

요수(遼水)와 패수(浿水) 사이의 연요동(燕遼東)이 협소(狹小)하여 무종(無終) 일대까지
요동국(遼東國)의 영토로 편입한 결과이다.

학설 25)

패수(浿水) 서쪽에 인접(隣接)해 있는 요동고새(遼東故塞)는 연장성동단(燕長城東端) 양평현
(襄平縣)의 동쪽을 감싸안은 장새(鄣塞)이다.

학설 26)

연(燕) 진개(秦開)의 동정(東征)으로 멸망한 진번(眞番)은 낙랑(樂浪) 땅 동쪽에서 재건(再建)되
었다.

재건된 진번(眞番) 땅에 진번군(眞番郡)이 설치되었는데 고조선(古朝鮮) 영토에 설치된 한(漢)
의 군(郡) 중 가장 동쪽에 위치했다.

학설 27)

고조선(古朝鮮)은 낙랑(樂浪), 예맥(濊貊), 임둔(臨屯), 진번(眞番) 등의 정치세력(政治勢力)으
로 구성되어 있었다.

조선(朝鮮)은 넓은 의미로 그 정치세력(政治勢力)들의 총칭(總稱)이었고, 좁은 의미로 당
시의 리더국인 낙랑조선(樂浪朝鮮)을 칭(稱)했다.

학설 28)

예맥조선(濊貊朝鮮)은 흉노(匈奴) 동쪽에 접(接)해 있다.

진요동(秦遼東)을 통치할 당시, 만(滿)의 첫 번째 도읍은 험독(險瀆)이고,
낙랑(樂浪)의 왕(王)이 된 이후, 만(滿)의 두 번째 도읍은 왕험(王險)이다.

만(滿)이 정변(政變)을 일으켜 낙랑(樂浪)의 왕(王)이 되자 고조선연맹(古朝鮮聯盟)이 무너졌다.
만(滿)이 무력(武力)으로 임둔(臨屯)과 진번(眞番)을 복속시켰지만 예맥(濊貊)은 고조선
연맹(古朝鮮聯盟)에서 이탈했다.
고조선(古朝鮮)이 낙랑조선(樂浪朝鮮)과 예맥조선(濊貊朝鮮)으로 분리되었다.

만리장성동단(萬里長城東端) 임유현(臨渝縣)은 한(漢) 시기에 요서(遼西)에 위치한다.
태조대왕(太祖大王) 치하(治下)에서 고구려(高句驪)가 서쪽으로는 대요수(大遼水) 서쪽
요서(遼西) 땅까지, 동쪽으로는 한반도동해(韓半島東海)까지 영토를 확장하여 고구려(高
句驪)의 제1 전성기를 열었으며, 태조대왕(太祖大王)은 건국시조(建國始祖)란 뜻을 내포
하고 있는 태조(太祖)이자 대왕(大王)으로 추봉(追封)되었다.

노룡새(盧龍塞)는 만리장성(萬里長城)의 일부이다.
AD 49년, 고구려(高句麗)가 노룡새(盧龍塞)를 관통하여 북평(北平), 어양(漁陽), 상곡(上
谷), 태원(太原)을 습격했다.

연장성서단(燕長城西端) 연(燕)의 상곡(上谷)은 역수(易水) 서쪽 태행산맥(太行山脈)에 위치
한다.
저양현(沮陽縣)은 연장성서단(燕長城西端)에 위치한 조양(造陽)이 아니다.

진장성동단(晉長城東端)은 연(燕)의 양평현(襄平縣)을 방어하던
요동고새(遼東故塞) 동단(東端) 류현(絫縣) 갈석산(碣石山)이다.

학설 35)

진(晋) 낙랑군(樂浪郡)은 고중국(古中國)의 사민(徙民) 정책으로 진요동(秦遼東)에 설치된 교치(僑置)에 가까운 군(郡)이며, 설치 목적은 고구려(高句麗)가 AD 37년 이후 점유하고 있는 낙랑(樂浪) 땅에 대한 연고권 때문이다.

진(晋) 대방군(帶方郡)도 대요수(大遼水) 서쪽 진요동(秦遼東)에 위치한다.

학설 36)

만리장성동단(萬里長城東端)이 위치한 대요수(大遼水) 서쪽 일대는 고구려(高句驪)가 멸망할 당시 고구려(髙句驪)의 영토였다.

학설 37)

고중국(古中國) 영토의 동북쪽 한계가 요수(遼水)에 이르렀을 때의 갈석은 여성현(驪成縣) 대갈석(大揭石)이고, 패수(浿水)가 한계였을 때의 갈석은 류현(絫縣) 갈석(揭石)이며, 대요수(大遼水)가 한계였을 때의 갈석은 임유현(臨渝縣) 갈석(碣石)이다.

학설 38)

고중국(古中國) 영토의 동북쪽 한계가 요수(遼水)였을 때의 동쪽 관문은 유관(楡關)이고, 패수(浿水)가 한계였을 때의 동쪽 관문은 유림관(楡林關)이며, 대요수(大遼水)가 한계였을 때의 동쪽 관문은 임유관(臨渝關)이다.

학설 39)

전한낙랑군(前漢樂浪郡)의 서쪽 한계는 대요수(大遼水)가 남쪽으로 흘러 입해(入海)한 낙랑서해(樂浪西海)이다.

고조선(古朝鮮) 멸망 후, 한(漢)과 고조선(古朝鮮) 간(間) 국경인 패수(浿水)는 조선현(朝鮮縣)의 하천명(河川名)으로 격하(格下)되었다.

학설 40)

전한요동군(前漢遼東郡) 양평현(襄平縣)과 전한낙랑군(前漢樂浪郡) 조선현(朝鮮縣)은 가까이에 위치해 있었다.

그 거리는 후한(後漢) 기준척(基準尺)으로 500리(里) 전후(前後)이다.

서문(序文)

7

학설 41)

　전한낙랑군(前漢樂浪郡)은 낙랑서해(樂浪西海)와 단단대령(單單大領) 사이에 위치했고, 후한낙랑군(後漢樂浪郡)은 단단대령(單單大領) 동쪽에 위치했다.

　후한낙랑군(後漢樂浪郡)과 고구려(高句驪)는 살수(薩水)를 국경으로 남북으로 영토를 접(接)했다.

학설 42)

　전한낙랑군(前漢樂浪郡) 군치(郡治) 조선현(朝鮮縣)과 후한낙랑군(後漢樂浪郡) 군치(郡治) 조선현(朝鮮縣)은 행정명(行政名)은 동일하지만 그 위치는 멀리 떨어져 있다.

학설 43)

　패수(浿水)의 위치는 낙랑(樂浪) 땅에서 흐르는 열수(列水)가 낙랑서해(樂浪西海)로 입해(入海)하는 열구(列口) 서쪽이다.

학설 44)

　수경주(水經注)의 저자는 한(漢)과 고조선(古朝鮮) 간(間) 국경인 패수(浿水)를 한서지리지(漢書地理志)에 기록된 전한낙랑군(前漢樂浪郡) 패수(浿水)와 동일(同一)한 하천으로 오인하였고, 전한낙랑군(前漢樂浪郡) 패수(浿水)와 후한낙랑군(後漢樂浪郡) 패수(浿水)를 구분하지 못했다.

학설 45)

　장수왕평양성(長壽王平壤城)의 위치는 전한낙랑군(前漢樂浪郡) 패수(浿水) 북쪽이며, 고조선(古朝鮮)의 수도 왕험성(王險城)이 서쪽에 인접(隣接)해 있다.

학설 46)

　위략(魏略)을 편찬한 어환(魚豢)과 위략(魏略)의 기록을 삼국지(三國志)에 인용한 진수(陳壽)는 대요수(大遼水) 동쪽에 위치한 번한현패수(番汗縣沛水)를 진(秦)과 고조선(古朝鮮) 간(間) 국경인 패수(沛水)와 동일(同一)한 하천으로 오인했다.

　그럼에도 불구하고 어환(魚豢)과 진수(陳壽)는 연(燕)이 고조선(古朝鮮)을 패수(沛水) 동쪽으로 밀어냈음을 인지하고 있었던 학자들이다.

학설 47)

수경주(水經注)의 저자 역도원(酈道元)은 고죽국요수(孤竹國遼水)와 대요수(大遼水)를 동일(同一)한 하천으로 오인하였고, 연장성동단(燕長城東端) 양평현(襄平縣)과 대요수(大遼水) 동쪽에 접(接)해 있는 한(漢) 요동군(遼東郡) 군치(郡治) 양평현(襄平縣)을 동일(同一)한 위치로 오인했다.

학설 48)

한서지리지(漢書地理志)와 수경주(水經注)를 읽은 학자들 중 일부가 대요수(大遼水)를 고죽국요수(孤竹國遼水)와 동일(同一)한 하천으로 오인했다.

수서(隋書) 배구열전(裴矩列傳)에 기록된 '고구려(高句麗)가 점유한 대요수(大遼水) 지역이 고죽국(孤竹國)의 영토였다'는 배구(裴矩)의 잘못된 주장은 고구려(高句麗)를 멸망에 이르게 한 요인들 중 하나였다.

배구(裴矩)의 잘못된 주장은 수서(隋書), 구당서(舊唐書), 신당서(新唐書), 삼국사기(三國史記), 삼국유사(三國遺事) 등에 반영되었다.

학설 49)

예맥(濊貊) 땅 서부 지역에 소수맥(小水貊)과 구려(句驪)가 위치했고, 중부 지역에는 옥저(沃沮)가 위치했다.

예맥(濊貊) 땅 서부 지역에는 한(漢) 요동군(遼東郡) 서안평현(西安平縣)과 두 번째 현도군(玄菟郡)이 설치되었고, 중부 지역에는 첫 번째 현도군(玄菟郡)이 설치되었었다.

학설 50)

요(遼)는 예맥(濊貊) 땅 서부 지역에 상경(上京)을 설치하며 건국했다.

요(遼)는 진요동(秦遼東)에 중경(中京), 낙랑(樂浪) 땅에 동경(東京)을 설치하고, 국력(國力)을 신장(伸張)한 후, 고중국(古中國)의 영토 내(內)에 남경(南京)과 서경(西京)을 설치하였으므로 고조선(古朝鮮)에 대해 계승의식(繼承意識)을 가지고 있었다.

목차

목
차
─

第1章

동북아고대사(東北亞古代史)의
역사 왜곡을 방지하는
동북아고대사난제(東北亞古代史難題)

역사 왜곡은 정사서(正史書)의 1차 사료(史料)가 가리키는 역사적 사실 대신 그 자리에 가짜 역사를 채워 놓은 것이다.

　가짜 역사에는 허점이 있기 마련이고, 정사서(正史書)의 1차 사료(史料)가 제시한 기본적인 이론체계를 따르면 그 허점이 보인다.

한국학계(韓國學界)의 주장

역사 왜곡을 방지하는 동북아고대사난제(東北亞古代史難題)

중국학계(中國學界)의 주장

요동(遼東) 땅 내(內)에서 흐르는 패수(浿水)

한국학계(韓國學界)의 주장

누구나 한번쯤, 한반도 내(內)까지 중국(中國)의 만리장성(萬里長城)이 그려진 역사 지도를 본 적이 있을 것이다.

그렇다면 한반도 내(內)까지 중국(中國)의 만리장성(萬里長城)을 그리는 근거는 무엇일까?

한중일학계(韓中日學界)의 통설(通說)에 의하면

> 요수(遼水)는 현(現) 요하(遼河)이고, 연장성동단(燕長城東端) 양평현(襄平縣)은 현(現) 요하(遼河) 동쪽에 접(接)해 있으며, 낙랑군(樂浪郡)은 한반도의 대동강(大同江) 유역에 위치한다.

대한민국 정부출연기관 중 하나인 동북아역사재단이 제공한 자료를 근거로 2012년 말에 작성된 미국 의회조사국(CRS) 최종보고서에 의하면 '한(漢)과 고조선(古朝鮮) 간(間) 국경인 패수(浿水)는 현(現) 압록강(鴨綠江)'이다.

참고로 미국 상원 외교위원회(Senate Foreign Relations Committee)는 미국 의회조사국(CRS) 최종보고서를 발표하면서 '북한 영토에 대한 중국의 영유권 주장은 한반도 통일을 막는 요인이 될 수 있다'고 지적했다.

동북아역사재단의 연구 결과를 살펴보면 '요수(遼水)는 현(現) 요하(遼河)이고, 연장성동단(燕長城東端) 양평현(襄平縣)은 현(現) 요하(遼河) 동쪽에 접(接)해 있으며, 낙랑군(樂浪郡)은 한반도의 대동강(大同江) 유역에 위치한다'는 한중일학계(韓中日學界)의 통설(通說)을 그대로 따랐다.

'현(現) 요하(遼河)는 대요수(大遼水)'라는 비정(比定)과 '패수(浿水)는 대요수(大遼水) 동쪽에 위치한다'는 이론체계를 양쪽 다 극복하지 못한 것이다.

그렇다 하더라도 동북아역사재단은 한(漢)과 고조선(古朝鮮) 간(間) 국경인 패수(浿水)를 현(現) 혼하(渾河)라고 결론을 내렸어야 했다.

하지만 동북아역사재단은 패수(浿水)를 현(現) 압록강(鴨綠江)으로 비정(比定)했다.

역사 왜곡을 방지하는 동북아고대사난제(東北亞古代史難題)

일반적으로 동북아시아의 고대사(古代史)를 연구하는 학자라면

'요수(遼水) ➡ 연장성동단(燕長城東端) 양평현(襄平縣)과 요동고새(遼東故塞) ➡ 패수(浿水) ➡ 만리장성동단(萬里長城東端)이 위치한 진고공지(秦故空地) ➡ 패수(沛水) ➡ 요동외요(遼東外徼) ➡ 고조선(古朝鮮) 중심지가 서쪽에서 동쪽 방향으로 위치한다'는 전제하에 역사적인 지명들의 위치를 비정(比定)하고 논증하는 것이 동북아고대사(東北亞古代史)의 최대 난제(難題)임을 실감한다.

이하, 동북아고대사난제(東北亞古代史難題)라 칭(稱)하며, 여기서의 고조선(古朝鮮) 중심지는 한(漢) 낙랑군(樂浪郡) 왕험성(王險城)을 지칭(指稱)한다.

> **동북아고대사난제**(東北亞古代史難題)
>
> 요수(遼水) ➡ **연장성동단**(燕長城東端) 양평현(襄平縣)과 요동고새(遼東故塞) ➡
>
> 패수(浿水) ➡ **만리장성동단**(萬里長城東端)이 위치한 진고공지(秦故空地) ➡
>
> 패수(沛水) ➡ 요동외요(遼東外徼) ➡ 고조선(古朝鮮) 중심지가 서쪽에서 동쪽 방향으로
>
> 위치한다.

동북아고대사난제(東北亞古代史難題)에 한(漢)과 고조선(古朝鮮) 간(間) 국경인 패수(浿水)가 현(現) 압록강(鴨綠江)이라는 동북아역사재단의 비정(比定)을 대입해 보자.

그 경우 현(現) 압록강(鴨綠江) 남쪽에는 만리장성동단(萬里長城東端)이 위치한 진고공지(秦故空地) ➡ 패수(沛水) ➡ 요동외요(遼東外徼) ➡ 고조선(古朝鮮) 중심지가 순서대로 위치해야 한다.

따라서 동북아역사재단의 주장대로 패수(浿水)가 현(現) 압록강(鴨綠江)이라면 '한반도 내(內)까지 중국(中國)의 만리장성(萬里長城)을 그린 역사지도는 타당하다'고 할 수 있다.

하지만 패수(浿水)가 현(現) 압록강(鴨綠江)이라는 동북아역사재단의 주장은 역설적으로 '낙랑군(樂浪郡)이 한반도 대동강(大同江) 유역에 위치했다'는 한중일학계(韓中日學界)의 통설(通說)을 무너뜨려 버린다.

동북아역사재단의 주장대로 패수(浿水)가 현(現) 압록강(鴨綠江)이라면 압록강(鴨綠江) 남쪽에는 만리장성(萬里長城)이 축성(築城)된 진고공지(秦故空地)가 위치해야 하며, 진고공지(秦故空地) 너머에 위치해야 하는 패수(沛水)로 현(現) 청천강(淸川江)이 비정(比定)될 수밖에 없다.

이 경우 청천강(淸川江) 남쪽에 인접(隣接)해 있는 현(現) 대동강(大同江) 유역은 요동외요(遼東外徼)로 비정(比定)될 수밖에 없으며, 요동외요(遼東外徼) 너머에 위치했던 고조선(古朝鮮)의 중심지는 황해도(黃海道)의 예성강(禮成江) 유역이나 경기도(京畿道)의 한강(漢江) 유역에서 찾을 수밖에 없다.

따라서 고조선(古朝鮮)의 중심지가 현(現) 대동강(大同江) 유역이라고 주장하고 있는 동북아역사재단이 패수(浿水)를 현(現) 압록강(鴨綠江)으로 비정(比定)한다는 것은 상식에서 벗어나 있다.

'낙랑군(樂浪郡)이 한반도 대동강(大同江) 유역에 위치했다'는 한중일학계(韓中日學界)의 통설(通說)이 유지되기 위해서는 대동강(大同江) 유역 북쪽에 인접(隣接)한 현(現) 평안북도(平安北道)가 요동외요(遼東外徼)로 비정(比定)되어야 하며, 현(現) 평안북도(平安北道)의 북쪽 경계에서 흐르는 현(現) 압록강(鴨綠江)은 패수(沛水)로 비정(比定)되어야 한다.

또한 패수(沛水)로 비정(比定)된 현(現) 압록강(鴨綠江) 북쪽 지역은 진고공지(秦故空地)로 비정(比定)되어야 하며, 다시 그 북쪽에 패수(浿水)가 비정(比定)되어야 하기 때문에 '낙랑군(樂浪郡)이 한반도 대동강(大同江) 유역에 위치했다'는 한중일학계(韓中日學界)의 통설(通說)을 따르는 학자들은 현(現) 혼하(渾河)가 한(漢)과 고조선(古朝鮮) 간(間) 국경인 패수(浿水)였다고 주장할 수밖에 없다.

중국(中國)의 만리장성(萬里長城)을 한반도 내(內)까지 끌어들이는 원인을 제공하면서도 논리성이 결여된 압록강패수설(鴨綠江浿水說)과 달리 혼하패수설(渾河浿水說)은 최소한 사료(史料)에 대응할 수 있는 논리성을 가지고 있다.

혼하패수설(渾河浿水說)의 논리성은 낙랑군대동강설(樂浪郡大同江說)의 입지를 다지는데 일조(一助)할 수 있다.

동북아고대사정립(東北亞古代史正立)이 실현되지 않는다면 혼하패수설(渾河浿水說)은 장기적으로 한중일학계(韓中日學界)의 통설(通說)로 자리매김할 것이다.

중국학계(中國學界)의 주장

동북아고대사난제(東北亞古代史難題)라는 용어(用語)는 필자가 만든 것이지만 그 내용은 정사서(正史書)의 1차 사료(史料)가 제시한 기본적인 이론체계를 따르면 습득할 수 있는 동북아고대사(東北亞古代史)의 기본 지식이다.

동북아고대사난제(東北亞古代史難題)에 담긴 기본 지식을 잘 알고 있는 중국학계(中國學界)는 만리장성동단(萬里長城東端)을 현(現) 압록강(鴨綠江) 북변(北邊)에 위치한 단동시(丹東市)에 비정(比定)했다.

이는 진고공지(秦故空地)가 현(現) 압록강(鴨綠江) 북쪽에 위치했음을 인정한 것이다.

또한 현(現) 압록강(鴨綠江)이 패수(浿水)이며, 요동외요(遼東外徼)는 현(現) 평안북도(平安北道)에 위치했고, 고조선(古朝鮮) 중심지는 현(現) 대동강(大同江) 유역에 위치했다고 주장하는 것과 다름이 없다.

그래야만 동북아고대사난제(東北亞古代史難題)에 부합하기 때문이다.

바둑의 아생연후살타(我生然後殺他)를 실천한 좋은 묘수(妙手)이며, 사소취대(捨小就大), 즉 작은 것을 버리고 큰 것을 얻으려는 실용주의적 접근이다.

결국 '만리장성동단(萬里長城東端)은 현(現) 단동시(丹東市)에 위치한다'고 비정(比定)한 행위는 동북아고대사난제(東北亞古代史難題)를 해결함과 동시에 한반도 북부 지역의 역사적 연고권을 확보하겠다는 의도이다.

중국학계(中國學界)가 만리장성동단(萬里長城東端)을 현(現) 압록강(鴨綠江) 북변(北邊) 단동시(丹東市)로 비정(比定)한 이상, 그 의도와 상관없이 만리장성(萬里長城)을 한반도 내(內)까지 그리게 만든 압록강패수설(鴨綠江浿水說)과 압록강패수설(鴨綠江浿水說)을 근거로 그려진 역사지도는 함께 폐기되어야 한다.

동북아고대사난제(東北亞古代史難題)를 해결함과 동시에 한반도 북부 지역의 역사적 연고권을 유지하고자 하는 중국학계(中國學界)의 노력에는 경의를 표한다.

만리장성동단(萬里長城東端) 압록강북변설(鴨綠江北邊說)은 '패수(浿水)는 대요수(大遼水) 동쪽에 위치한다'는 한중일학계(韓中日學界)의 통설(通說)이 논파(論破)되지 않는 한 중국학계(中國學界)가 내놓을 수 있는 최선의 학설이기 때문이다.

요동(遼東) 땅 내(內)에서 흐르는 패수(浿水)

중국학계(中國學界)가 만리장성동단(萬里長城東端) 압록강북변설(鴨綠江北邊說)을 주장하면서 한(漢)과 고조선(古朝鮮) 간(間) 국경인 패수(浿水)는 한반도 내(內)에서 흐르는 하천이 아니라는 역사적 사실이 만천하에 드러났다.

사기(史記) 권115 조선열전(朝鮮列傳)에 의하면

秦滅燕 屬遼東外徼 漢興 爲其遠難守 複修遼東故塞 至浿水爲界
진(秦)이 연(燕)을 멸(滅)한 후, 요동외요(遼東外徼)에 속(屬)했다.
한(漢)이 건국하여 그곳은 멀어서 지키기가 어려워 다시 요동고새(遼東故塞)를
수리하여 패수(浿水)에 이르러 경계를 정했다.

'고조선(古朝鮮)은 진(秦)이 설치한 요동외요(遼東外徼)에 복종했다'는 기록이다.

요동외요(遼東外徼), 즉 요동(遼東)을 벗어난 요(徼)는 낙랑(樂浪) 땅 서북부 지역에 위치했으며, 고조선(古朝鮮)의 중심지는 낙랑(樂浪) 땅 동부 지역에 위치했다.

이어지는 기록은 한(漢)이 건국했는데 요동외요(遼東外徼)는 멀어서 지키기가 어려워 패수(浿水)를 경계로 요동고새(遼東故塞)가 위치한 땅까지 영토로 삼았다는 내용이다.

요동고새(遼東故塞)는 연장성동단(燕長城東端)의 땅을 보호하기 위해 북쪽에서 남쪽으로 축성된 장성(長城)으로, 요동고새(遼東故塞)가 위치한 땅은 연요동(燕遼東)이다.

그렇다면 멀어서 지키기가 어려운 요동외요(遼東外徼)와 멀지 않아서 국경으로 정한 패수(浿水) 사이에는 무엇이 있었을까?

당연히 만리장성동단(萬里長城東端)이 위치한 진고공지(秦故空地)이다.

패수(浿水) 서쪽 요동고새(遼東故塞)가 위치한 곳은 연요동(燕遼東)이며, 패수(浿水) 동쪽 진고공지(秦故空地)는 진(秦) 요동군(遼東郡) 속현(屬縣)들이 설치된 진요동(秦遼東)이다.

연요동(燕遼東)과 진요동(秦遼東)의 경계인 패수(浿水)는 요동(遼東) 땅 내(內)에서 흐르는 하천이라는 역사적 사실이 너무나도 명백하지 않은가?

요동(遼東)은 고중국(古中國)의 동북방 한계를 지칭(指稱)하는 역사 용어이다.

'패수(浿水)는 연요동(燕遼東)과 진요동(秦遼東) 간(間) 경계로 요동(遼東) 땅 내(內)에서 흐르는 하천이라는 사실이 명백하다'는 것은 '진요동(秦遼東)은 본래 고조선(古朝鮮)의 영토이며, 더불어 패수(浿水) 동쪽에 고중국(古中國)의 영토가 존재했었다'는 역사적 사실을 알려주고 있는 것이다.

이러한 이유로 패수(浿水) 동쪽에 진고공지(秦故空地)와 만리장성동단(萬里長城東端)이 위치하며, 만리장성동단(萬里長城東端) 동쪽 낙랑(樂浪) 땅 서북부 지역에 요동외요(遼東外徼)가 위치하는 것이다.

만리장성동단(萬里長城東端)이 현(現) 단동시(丹東市)에 위치한다는 학설과 혼하패수설(渾河浿水說)이 역사적 사실이라면

1) 연소왕(燕昭王) 재위기간(在位期間), 진개(秦開)의 동정(東征)으로 고조선(古朝鮮)은 현(現) 압록강(鴨綠江) 북쪽 영토를 상실했다.

2) 고중국(古中國)을 최초로 통일한 진(秦)과 고조선(古朝鮮) 간(間) 국경인 패수(浿水)는 현(現) 압록강(鴨綠江)이다.

3) 진(秦)은 현(現) 압록강(鴨綠江) 북변(北邊) 단동시(丹東市)까지 만리장성(萬里長城)을 축성(築城)했다.

4) 현(現) 압록강(鴨綠江) 북쪽에는 진(秦) 요동군(遼東郡) 속현(屬縣)들이 설치되었다.

5) 진(秦)은 패수(浿水)인 현(現) 압록강(鴨綠江)을 넘어 고조선(古朝鮮)을 침략했으며, 현(現) 평안북도(平安北道)에 요동외요(遼東外徼)를 설치했다.

6) 진(秦) 말기(末期), 고조선(古朝鮮)은 현(現) 단동시(丹東市) 북쪽에 위치한 패수(浿水), 즉 혼하(渾河)까지 고조선(古朝鮮)의 영토를 모두 수복했다.

7) 고중국(古中國)은 고조선(古朝鮮)이 수복한 현(現) 혼하(渾河)와 압록강(鴨綠江) 사이의 진요동(秦遼東)을 진고공지(秦故空地)라 칭(稱)했다.

8) 한(漢)은 현(現) 혼하(渾河) 북쪽에 인접(隣接)해 있는 요동고새(遼東故塞)를 수리하여 국경의 요새(要塞)로 삼았다.

9) BC 108년, 한(漢)은 국경인 패수(浿水)를 넘어 낙랑조선(樂浪朝鮮)을 멸망시키고 낙랑군(樂浪郡)·진번군(眞番郡)·임둔군(臨屯郡)을 설치했으며, BC 107년, 예맥조선(濊貊朝鮮)을 멸망시킨 뒤 현도군(玄菟郡)을 설치했다.

10) 고구려(高句驪)는 예맥(濊貊) 땅에서 건국되었으며, 고조선(古朝鮮)의 영토를 모두 수복하여 고조선(古朝鮮)의 승계국(承繼國)이 되었다.

第2章

논문(論文)

고중국(古中國)과 고조선(古朝鮮) 간(間)
국경의 변화에 관한 연구

고중국(古中國)과 고조선(古朝鮮) 간(間) 국경의 변화에 관한 연구

본 연구의 목적은 고대중국(古代中國)과 고대한국(古代韓國) 간(間) 국경의 변화를 고증(考證)하는 것이다.

이하 고대중국(古代中國)은 고중국(古中國)이라 칭(稱)하고, 고대한국(古代韓國)은 고조선(古朝鮮)이라 칭(稱)한다.

第1節
연구 범위 및 구성

BC 108년, 고조선(古朝鮮)은 고중국(古中國)인 한(漢)에 의해 멸망했다.

BC 91년, 사기(史記)를 저술한 사마천(司馬遷)은 고조선(古朝鮮)을 멸망시킨 한(漢) 무제(武帝)의 사관(史官)이다.

사기(史記)의 기록을 연구하면 고중국(古中國)과 고조선(古朝鮮) 간(間) 국경의 변화를 고증(考證)할 수 있다.

단(但), 사기(史記)에는 연(燕)의 동쪽 국경에 대한 기록이 없으며, 진(秦)과 고조선(古朝鮮) 간(間) 전쟁 기록이 누락(漏落)되어 있다.

그러나 BC 81년, 한(漢)의 관료(官僚)·현량(賢良)·문학(文學)들이 토론한 염철회의(鹽鐵會議)의 내용을 환관(桓寬)이 정리한 염철론(鹽鐵論)에는 연(燕)의 동쪽 국경과 진(秦)과 고조선(古朝鮮) 간(間) 전쟁 기록이 수록되어 있다.

이에 본 연구자는 염철론(鹽鐵論)의 기록을 먼저 연구하고자 하며, 염철론(鹽鐵論)의 기록으로 작성한 가설(假說)을 논증하기 위해 고중국(古中國) 최초의 정사서(正史書)인 사기(史記)의 기록을 연구하고자 한다.

第2節
염철론(鹽鐵論)의 기록 연구

1. 염철론(鹽鐵論) 벌공(伐攻) 편(篇)

염철론(鹽鐵論) 권8 벌공(伐攻) 편(篇)에 의하면

> 燕襲走東胡僻地千里 度遼東而攻朝鮮
>
> 연(燕)이 동호(東胡)를 습격하여 천리(千里)를 물러나게 하였고,
>
> 요동(遼東)을 지나 조선(朝鮮)을 공격했다.

1) 고중국(古中國) 전국시대(戰國時代), 전국칠웅(戰國七雄)의 하나였던 연(燕)이 어떻게 이민족(異民族)들을 쫓아내고 영토를 확장했는지 설명하고 있다.

2) 동호(東胡)는 그 이름에서 알 수 있듯이 호(胡)라 불린 흉노(匈奴) 동쪽에 존재했던 정치세력(政治勢力)이다.

   연(燕)이 동호(東胡)를 습격하자 동호(東胡)는 북쪽 방향으로 천리(千里)를 물러났다.

3) 도요동(度遼東), 즉 요동(遼東)을 지나야만 고조선(古朝鮮)을 공격할 수 있다.

   요동(遼東)은 지명이며, 당시 요동(遼東)은 연(燕) 또는 고조선(古朝鮮)의 영토가 아닌 연(燕)과 고조선(古朝鮮) 간(間) 완충지대(緩衝地帶)였음을 알 수 있다.

4) 연(燕)이 요동(遼東)을 지나 고조선(古朝鮮)을 공격하기 이전에는 요수(遼水)가 연(燕)의 동쪽 국경이었음을 알 수 있다.

5) 연(燕)이 요수(遼水)를 넘어 요동(遼東)을 지나 고조선(古朝鮮)을 공격한 결과는 기록되지 않았다.

6) 염철론(鹽鐵論) 주진(誅秦) 편(篇)에 의하면 연(燕)의 공격 이후, 고조선(古朝鮮)의 서쪽 국경은 패수(沛水)였다.

2. 염철론(鹽鐵論) 험고(險固) 편(篇)

염철론(鹽鐵論) 권9 험고(險固) 편(篇)에 의하면

> 燕塞碣石 絶邪谷 繞援遼[中略]邦國之固 而山川社稷之寶也
>
> 연(燕)은 갈석(碣石)으로 막혀 있고, 사곡(邪谷)으로 단절(斷絶)되어 있으며,
> 요수(遼水)로 둘러 쌓여있다.…[중략]…국가를 지킬 수 있게 하니 산천(山川)은
> 사직(社稷)의 보배이다.

1) 요수(遼水)는 자연(自然) 방어선(防禦線)으로 연(燕)의 동쪽 국경이다.

2) 요수(遼水) 서쪽에 위치한 갈석(碣石)과 사곡(邪谷)으로 단절(斷絶)되어 있는 지형
   도 자연(自然) 방어선(防禦線)이라는 사실을 알 수 있다.

> 학설 1)
> 진개(秦開)의 동정(東征) 이전, 연(燕)의 동쪽 국경은 요수(遼水)이다.

3. 염철론(鹽鐵論) 주진(誅秦) 편(篇)

염철론(鹽鐵論) 권8 주진(誅秦) 편(篇)에 의하면

> 秦旣幷天下 東絶沛水 幷滅朝鮮 南取陸梁 北卻胡狄 西略氐羌 立帝號 朝四夷
>
> 진(秦)이 천하(天下)를 병탄(幷吞)한 후, 동쪽으로 패수(沛水)를 건너 조선(朝鮮)을
> 멸(滅)하여 병탄(幷吞)하고, 남쪽으로 육량(陸梁)을 취했으며, 북쪽으로 호(胡)와
> 적(狄)을 물러나게 하고, 서쪽으로 저(氐)와 강(羌)을 약취(略取)했다.
> 그리고 황제(皇帝)가 되어 사방의 오랑캐가 배알(拜謁)하게 했다.

1) 고중국(古中國)을 통일한 진(秦)은 사방(四方)으로 이민족(異民族) 정복을 위한 침
   략전쟁(侵略戰爭)을 벌였다.

2) 진(秦)과 고조선(古朝鮮) 간(間) 국경은 패수(沛水)라는 사실을 알 수 있다.

3) 진(秦)이 동쪽 국경인 패수(沛水)를 넘어 고조선(古朝鮮)의 영토를 일부 병탄(竝呑)
하였으며, 그 지역의 정치세력(政治勢力)을 멸(滅)하였음을 알 수 있다.

진(秦)이 고조선(古朝鮮)의 영토를 일부 병탄(竝呑)하였다는 근거는 다음과 같다.

진(秦)이 육량(陸梁)은 멸(滅)하지 않고 복속시켰으니 취(取)를 사용한 것이며, 호(胡)
와 적(狄)은 북쪽으로 밀어냈으니 각(卻)을 사용한 것이고, 저(氐)와 강(羌)은 약취(略
取)하여 지배하에 두었으니 약(略)을 사용한 것이다.

고조선(古朝鮮)의 경우, 병(幷)을 사용하였으니 영토를 병탄(竝呑)한 것이며, 멸(滅)
을 사용하였으니 병탄(竝呑)한 땅의 정치세력(政治勢力)을 멸망시킨 것이다.

> [학설 2)]
> 진(秦)과 고조선(古朝鮮) 간(間) 국경은 패수(沛水)이다.

4. 염철론(鹽鐵論) 비호(備胡) 편(篇)

염철론(鹽鐵論) 권7 비호(備胡) 편(篇)에 의하면

> **朝鮮踰徼 劫燕之東地**
> 조선(朝鮮)이 요(徼)를 넘어 연(燕)의 동쪽 땅을 강탈(强奪)했다.

1) 연(燕)의 동쪽 땅은 연(燕) 요동군(遼東郡)의 동쪽 땅을 의미하며, 패수(浿水) 동쪽
진고공지(秦故空地)를 지칭(指稱)하고 있다.

2) 진(秦)은 진고공지(秦故空地)의 동쪽 경계인 패수(沛水)를 넘어 고조선(古朝鮮)의
낙랑(樂浪) 땅에 요(徼)를 설치했다.

3) 고조선(古朝鮮)이 반격하여 진(秦)이 설치한 요(徼)를 무력화시킨 후 패수(沛水)를
넘어 패수(浿水)까지 본래의 영토를 모두 수복했음을 알 수 있다.

第3節
염철론(鹽鐵論)의 기록으로 작성한 가설(假說)

염철론(鹽鐵論)을 연구한 결과 다음과 같은 가설(假說)을 세울 수 있었다.

1) 고중국(古中國) 전국시대(戰國時代), 연(燕)의 동쪽 국경은 요수(遼水)이다.

2) 고조선(古朝鮮)의 서쪽 국경은 패수(浿水)이다.

3) 요수(遼水)와 패수(浿水) 사이 요동(遼東)은 연(燕)과 고조선(古朝鮮) 간(間) 완충지대(緩衝地帶)였다.

4) 연(燕)이 고조선(古朝鮮)을 침략한 결과 고조선(古朝鮮)은 패수(沛水)를 새로운 서쪽 국경으로 삼았으며, 연(燕)은 요수(遼水)와 패수(浿水) 사이에 연(燕) 요동군(遼東郡)을 설치했다.

   이하, 요수(遼水)와 패수(浿水) 사이 요동(遼東)을 연요동(燕遼東)이라 칭(稱)한다.

5) 패수(浿水)와 패수(沛水) 사이 고조선(古朝鮮)의 영토는 연(燕)과 고조선(古朝鮮) 간(間) 새로운 완충지대(緩衝地帶)가 되었다.

   이하, 패수(浿水)와 패수(沛水) 사이 요동(遼東)을 진요동(秦遼東)이라 칭(稱)한다.

6) 진(秦)은 연(燕)을 멸망시키고 패수(浿水)와 패수(沛水) 사이 진요동(秦遼東)까지 점유하여 패수(沛水)를 진(秦)의 동쪽 국경으로 삼았다.

7) 진(秦)은 패수(沛水)를 넘어 고조선(古朝鮮)을 침략했으며, 고조선(古朝鮮)의 영토를 일부 병탄(竝呑)하여 그 땅에 요(徼)를 설치했다.

8) 진(秦) 말기(末期), 고조선(古朝鮮)은 패수(沛水) 동쪽에 진(秦)이 설치한 요(徼)를 넘어 고조선(古朝鮮)의 영토였던 패수(浿水)와 패수(沛水) 사이 진요동(秦遼東)을 수복하였으며, 이후 패수(浿水)가 다시 고조선(古朝鮮)의 서쪽 국경이 되었다.

第4節
사기(史記)의 기록 연구

사기(史記)의 기록에서 한(漢)이 고조선(古朝鮮)을 멸망시킨 BC 108년까지 일어난 사건들을 연구한 결과 다음과 같은 사실들을 확인할 수 있었다.

1. 고죽국(孤竹國)의 영토가 고중국(古中國)의 동북방 한계이다.

사기(史記) 권32 제태공세가(齊太公世家)에 의하면

> 北伐山戎 離枝 孤竹
>
> 북쪽으로는 산융(山戎)·이지(離枝)·고죽(孤竹)을 토벌했다.

사기(史記) 권28 봉선서(封禪書)에 의하면

> BC 651년, 진(秦) 목공(繆公) 9년, 제환공(齊桓公)은 규구(葵丘)에 제후(諸侯)들을 모아놓고 봉선(封禪)의 일을 의논했다.

이때 제환공(齊桓公)은 다음과 같이 말했다.

> 寡人北伐山戎 過孤竹
>
> 과인(寡人)은 북쪽으로는 산융(山戎)을 토벌하였고, 고죽(孤竹)의 땅을 통과했다.

BC 664년, 제환공(齊桓公)이 이끄는 제(齊)와 연(燕)의 연합군은 [중국 고유 영토의 동북방 한계]인 고죽국(孤竹國)을 멸망시켰다.

당시 연(燕)의 중심지는 현(現) 하북성(河北省) 보정시(保定市)에 위치했고, 현(現) 북경시(北京市)는 산융(山戎)의 영토였다.

그리고 고죽(孤竹)은 산융(山戎) 동쪽에 위치했다.

고죽국(孤竹國)이 멸망하고 13년이 지난 BC 651년, 제환공(齊桓公)은 북벌(北伐)을 자화자찬(自畵自讚)하면서 '고죽국(孤竹國)의 영토를 통과했다'고 말했다.

BC 664년, 제(齊)와 연(燕)의 연합군이 고죽국(孤竹國)을 멸망시키면서 고죽(孤竹)을 고중국(古中國)의 역사에 편입시켰지만, BC 651년까지도 고죽국(孤竹國)의 영토를 고중국(古中國)의 내지(內地)로 편입시키지 못했다.

따라서 고죽국(孤竹國)의 영토는 당시 고중국(古中國)의 동북방 한계였다.

'제(齊)와 연(燕)의 연합군이 고죽(孤竹)을 고중국(古中國)의 역사에 편입시켰다'는 표현을 쓴 이유는 고죽(孤竹)은 본래 고중국(古中國)의 첫 번째 고대국가인 상(商) 왕조(王朝)의 제후국(諸侯國)이었는데, 고죽(孤竹)이 상(商) 왕조(王朝)를 승계(承繼)한 주(周) 왕조(王朝)의 제후국(諸侯國)은 아니기 때문이다.

상(商) 왕조(王朝) 시기, 고죽(孤竹)은 산융(山戎) 동쪽, 즉 현(現) 북경시(北京市) 동쪽에 위치하지 않았다.

주(周) 왕조(王朝)의 분봉(分封)으로 주(周) 왕조(王朝)의 영토가 팽창하면서 고죽(孤竹)은 고중국(古中國)의 동북방 한계까지 밀려났고, 결국 주(周) 왕조(王朝)의 제후국(諸侯國)들에 의해 멸망한 것이다.

사기(史記)의 저자 사마천(司馬遷)은 백이열전(伯夷列傳)에 고죽국(孤竹國)을 상(商) 왕조(王朝)의 제후국(諸侯國)으로 기록하여 고죽국(孤竹國)이 고중국(古中國)의 일부임을 분명히 했다.

더불어 사마천(司馬遷)은 산융(山戎)과 고죽국(孤竹國)이 언제, 누구에 의해, 어떻게 고중국(古中國)에 편입되었는지 기록하였다.

사기(史記)를 제대로 읽으면 누구나 북경시(北京市) 중심부는 산융(山戎)의 영토였고, 산융(山戎) 동쪽 고죽국(孤竹國)까지는 고중국(古中國)의 고유영토(固有領土)였음을 알 수 있다.

2. 고죽국(孤竹國)의 영토 내(內)에서 흐르는 대하천(大河川)이 요수(遼水)이다.

고조선(古朝鮮)이 패수(沛水) 동쪽으로 밀려나 연장성(燕長城)과 요동고새(遼東故塞)가 축성되기 이전, 연(燕)의 동쪽 국경은 요수(遼水)이다.

사기(史記) 권69 소진열전(蘇秦列傳)에 의하면

> BC 344년, 소진(蘇秦)은 연(燕)을 방문하여 연문후(燕文侯)를 만났다.

그리고 소진(蘇秦)은 연문후(燕文侯)에게 다음과 같이 말했다.

> 燕東有朝鮮 遼東 北有林胡 樓煩 西有雲中 九原 南有嘑沱 易水
> 연(燕)의 동쪽에는 조선(朝鮮)과 요동(遼東), 북쪽에는 임호(林胡)와 누번(樓煩),
> 서쪽에는 운중(雲中)과 구원(九原), 남쪽에는 호타(嘑沱)와 역수(易水)가 있다.

소진(蘇秦)은 연문후(燕文侯)에게 연(燕)의 위치를 설명하면서 국명과 지명을 섞어서 언급했다.

그리고 연(燕)의 동쪽에는 요동(遼東)이 있다고 했다.

요동(遼東)은 고중국(古中國)의 동북방 한계 또는 요수(遼水) 동쪽 땅을 칭(稱)하는 지명이다.

연(燕)의 고유영토(固有領土)를 기준으로 연(燕)의 동북에는 고죽(孤竹)이 있었으며, 고죽(孤竹)의 영토는 고중국(古中國)의 동북방 한계였다.

따라서 고중국(古中國)은 고죽국(孤竹國)의 영토가 연(燕)의 영토는 아니었으나 요동(遼東)이라 칭(稱)했다.

요동(遼東) 서부 지역에는 요수(遼水)라 불리는 대하천(大河川)이 존재하는데, 그 요수(遼水)가 염철론(鹽鐵論) 험고(險固) 편(篇)에 기록된 연(燕)의 동쪽 국경이다.

염철론(鹽鐵論) 권9 험고(險固) 편(篇)에 의하면

燕塞碣石 絶邪谷 繞援遼[中略]邦國之固 而山川社稷之寶也

연(燕)은 갈석(碣石)으로 막혀 있고, 사곡(邪谷)으로 단절(斷絶)되어 있으며,
요수(遼水)로 둘러 쌓여있다. … [중략] … 국가를 지킬 수 있게 하니 산천(山川)은
사직(社稷)의 보배이다.

고죽국(孤竹國)의 서쪽 국경은 갈석(碣石)과 사곡(邪谷)으로 단절(斷絶)되어 있는 지형이며, 요수(遼水)는 고죽국(孤竹國)의 영토 내(內)에서 흐르는 대하천(大河川)이다.

고죽국(孤竹國)의 영토 내(內)에서 흐르는 대하천(大河川)을 요수(遼水)라 칭(稱)했던 사료(史料) 중 하나는 다음과 같다.

설원(說苑) 권18 변물편(辨物篇)에 의하면

齊桓公北征孤竹 未至卑耳溪中十裏 闟然而止 喟然歎曰 事其不濟乎 有人長尺
冠冕大人物具焉 左袪衣走馬前者 管仲曰 事必濟 此人知道之神也 走馬前者導也
左袪衣者 前有水也 從左方渡 行十裏果有水 曰遼水

제(齊) 환공(桓公)이 북(北)으로 고죽(孤竹)을 정벌하다가 비이(卑耳)에서 10리(里)도
이르지 못한 곳에서 갑자기 멈춘 후 크게 탄식하며 말했다.
"이번 싸움에는 내가 질 것이다. 키가 큰 사람이 면류관을 쓰고 사람의 형상을
갖추었는데 왼손에 옷을 들고서 말을 타고 내 앞을 지나갔다."
관중(管仲)이 말하기를 "반드시 이길 것입니다. 그 사람은 도(道)를 아는 신(神)입니다.
왼손에 옷을 들었다는 것은 앞에 수(水)가 있는데 왼쪽으로 건너라는 뜻입니다."
과연 10리(里)를 더 갔더니 수(水)가 있었는데 요수(遼水)라 칭(稱)했다.

고죽국(孤竹國)이 멸망한 BC 664년까지 고중국(古中國)에는 요동(遼東)이라는 지명과 요수(遼水)라는 하천명(河川名)이 등장하지 않는다.

유일(唯一)한 예외(例外)가 전한(前漢) 말기의 학자인 유향(劉向)이 편찬한 설원(說苑) 변물(辨物) 편(篇)에 등장하는 요수(遼水)인데, 그 기록의 원전(原典)인 관자(管子)에는 요수(遼水)가 아닌 무명(無名)의 하천으로 기록되어 있다.

제환공(齊桓公)과 함께 고죽국(孤竹國)을 토벌한 관중(管仲)의 저서 관자(管子)에는 요수(遼水)가 등장하지 않았는데, 600여 년이 흐른 뒤에 저술된 설원(說苑)에서 요수(遼水)가 등장할 수 있었던 배경은 다음과 같다.

고죽국(孤竹國) 멸망 후, 고중국(古中國)이 고죽국(孤竹國)의 영토를 요동(遼東)이라 칭(稱)했으며, 고죽성(孤竹城) 서쪽에 인접(隣接)한 그 무명(無名)의 하천을 요수(遼水)라 칭(稱)했고, 이후 수백 년 동안 고죽국(孤竹國)의 영토 내(內)에서 흐르는 대하천(大河川)은 요수(遼水)로 각인되었기 때문이다.

> **학설 3)**
> 요수(遼水)는 고죽국(孤竹國)의 영토 내(內)에서 흐르는 대하천(大河川)이다.

BC 667년, 주(周) 왕조(王朝)는 제(齊)나라 15대 제환공(齊桓公)을 제후(諸侯)들의 수장으로 임명했고, 제환공(齊桓公)은 공식적으로 패자(霸者)가 되었다.

패자(霸者)의 지위에 오른 제환공(齊桓公)이 3년 뒤, 북벌(北伐)을 감행했다.

제환공(齊桓公)의 북벌(北伐) 이전, 고죽국(孤竹國)의 영토는 연(燕)의 동북쪽에 위치했는데, 연(燕)이 산융(山戎)의 영토였던 현(現) 북경시(北京市) 중심부를 연(燕)의 영토로 편입하면서 고죽국(孤竹國)의 영토는 연(燕) 동쪽에 위치하게 된다.

320년 후인 BC 344년, 소진(蘇秦)이 연문후(燕文侯)에게 '연(燕) 동쪽에는 조선(朝鮮)과 요동(遼東)이 있다'고 말했는데 요동(遼東)은 연(燕)이 내지(內地)로 편입하지 못한 고죽국(孤竹國)의 영토를 지칭(指稱)하고 있으며, 더불어 요동(遼東) 동쪽에는 조선(朝鮮)이 접(接)해 있음을 설명하고 있는 것이다.

한서지리지(漢書地理志)에 의하면 전한(前漢) 말기의 학자인 유향(劉向)의 생애〈BC 77 ~ BC 6년〉에는 한(漢) 요동군(遼東郡)의 영토 내(內)에 대요수(大遼水)가 흐르며, 고죽국(孤竹國)의 영토는 한(漢) 요서군(遼西郡)의 영토 내(內)에서도 서부 지역에 위치한다.

그럼에도 불구하고 유향(劉向)은 고죽국(孤竹國)의 영토 내(內)에서 제환공(齊桓公)이 건넌 하천을 요수(遼水)라고 기록한 것이다.

한(漢) 요서군(遼西郡) 서부 지역인 고죽국(孤竹國)의 영토는 산융(山戎)의 영토였던 현(現) 북경시(北京市) 동쪽에 위치하고 있기 때문에 현(現) 천진시(天津市)가 소진(蘇秦)이 연문후(燕文侯)에게 언급한 요동(遼東)이다.

그리고 한(漢) 요서군(遼西郡) 동부 지역부터 조선(朝鮮)의 영토이다.

따라서 요수(遼水)는 고중국의 고유영토(固有領土) 내(內)에서 흐르는 하천이며, 대요수(大遼水)는 고조선(古朝鮮)의 영토 내(內)에서 흐르는 하천이다.

BC 108년, 한(漢)은 낙랑조선(樂浪朝鮮)을 멸망시킨 후, 낙랑조선(樂浪朝鮮)의 영토 내(內)에 한(漢) 요동군(遼東郡)을 설치했으며, 그 지역의 대하천(大河川)을 대요수(大遼水)로 개칭(改稱)했다.

또한 요수(遼水) 일대에는 한(漢) 요서군(遼西郡)을 설치하면서 요수(遼水)를 유수(濡水)로 개칭(改稱)했다.

유향(劉向)의 생애〈BC 77 ~ BC 6년〉는 요수(遼水)가 이미 유수(濡水)로 개칭(改稱)된 이후지만, 요수(遼水)가 여전히 유수(濡水)의 별칭(別稱)으로 사용되었기 때문에 유향(劉向)은 고죽국(孤竹國)의 영토 내(內)에서 흐르는 하천을 첫 번째 하천명(河川名)인 요수(遼水)로 기록한 것이다.

고죽국(孤竹國)의 영토에서 흐르는 요수(遼水)를 이하 고죽국요수(孤竹國遼水)라 칭(稱)한다.

소진(蘇秦)이 연문후(燕文侯)를 만난 시점은 진개(秦開)의 동정(東征) 이전이다.

따라서 소진(蘇秦)이 언급한 요동(遼東)은 고죽국요수(孤竹國遼水)와 패수(浿水) 사이 연요동(燕遼東)이다.

BC 344년, 동북아시아의 상황은 다음과 같다.

연(燕) ➡ 요수(遼水) ➡ 완충지대(緩衝地帶)인 연요동(燕遼東) ➡ 패수(浿水) ➡ 고조선(古朝鮮)이 서쪽에서 동쪽 방향으로 위치한다.

> 학설 4)
>
> 요수(遼水)와 패수(浿水) 사이 고죽국(孤竹國)의 영토는 연(燕)과 고조선(古朝鮮)
> 간(間) 완충지대(緩衝地帶)였다.

3. 연(燕)이 요동(遼東)을 지나 고조선(古朝鮮)을 침략했다.

전국시대(戰國時代) 연(燕)은 동호(東胡)를 습격하여 천리(千里)를 물러나게 한 후, 고죽국요수(孤竹國遼水)와 패수(浿水) 사이 연요동(燕遼東)을 지나 고조선(古朝鮮)을 침략했다.

염철론(鹽鐵論) 권8 벌공(伐攻) 편(篇)에 의하면

> 燕襲走東胡僻地千里 度遼東而攻朝鮮
>
> 연(燕)이 동호(東胡)를 습격하여 천리(千里) 바깥으로 물러나게 하였고, 요동(遼東)을 지나 조선(朝鮮)을 공격했다.

연(燕)과 고조선(古朝鮮) 간(間) 전쟁의 결과, 고조선(古朝鮮)은 패수(浿水)와 패수(沛水) 사이 영토를 상실했다.

사기(史記) 권115 조선열전(朝鮮列傳)에 의하면

> 自始全燕時 嘗略屬眞番朝鮮
>
> 연(燕)은 전성기에 진번조선(眞番朝鮮)을 약취(略取)하여 지배하에 두었다.

연(燕)의 전성기는 소진(蘇秦)이 연문후(燕文侯)를 만나고 33년 뒤에 시작되는 연소왕(燕昭王) 재위기간(在位期間)〈BC 311년 ~ BC 279년〉이다.

이 기록은 염철론(鹽鐵論) 벌공(伐攻) 편(篇)의 '연(燕)이 요동(遼東)을 지나 조선(朝鮮)을 공격하였다'는 전쟁 기록과 동일(同一)한 내용이다.

당시 패수(浿水)와 패수(沛水) 사이 정치세력(政治勢力)은 고조선(古朝鮮)의 구성국인 진번(眞番)이고, 패수(沛水) 동쪽에 위치한 정치세력(政治勢力)은 고조선(古朝鮮)의 리더국인 낙랑(樂浪)이다.

사마천(司馬遷)은 '연(燕)이 진번조선(眞番朝鮮)을 약취(略取)하여 지배하에 두었다'고 기록했다.

패수(浿水)와 패수(沛水) 사이 진번(眞番)의 영토, 즉 고조선(古朝鮮)의 영토 중 일부를 연(燕)과 고조선(古朝鮮) 간(間) 새로운 완충지대(緩衝地帶)로 만든 역사적 사실을 '약취(略取)하여 지배하에 두었다'고 기록한 것이다.

사기(史記)의 저자 사마천(司馬遷)은 진번(眞番)이 고조선(古朝鮮)의 구성국이며, 연(燕)이 고조선(古朝鮮)을 공격한 결과가 낙랑(樂浪) 땅 정복에 이르지 못했음을 알고 있었다.

연(燕)이 진번(眞番)의 영토를 약취(略取)하여 연(燕)과 고조선(古朝鮮) 간(間) 새로운 완충지대(緩衝地帶)로 만들었지만, 낙랑(樂浪) 땅마저 약취(略取)한 것은 아니기 때문에 고조선(古朝鮮)만 언급하면서 '약취(略取)하여 지배하에 두었다'고 기록한다면 역사 왜곡이 되어버린다.

사마천(司馬遷)은 사실 관계를 명확하게 하기 위해 진번(眞番)을 언급해야 했으며, 진번(眞番)이 고조선(古朝鮮)의 일부임을 알리기 위해 '연(燕)이 진번조선(眞番朝鮮)을 약취(略取)하여 지배하에 두었다'고 기록한 것이다.

학설 5)

패수(浿水)와 패수(沛水) 사이의 땅은 고조선(古朝鮮)의 종속국인 진번(眞番)의 영토였다.

4. 연(燕)이 고죽국(孤竹國)의 영토 내(內)에 연(燕) 요동군(遼東郡)을 설치했다.

사기(史記) 권110 흉노열전(匈奴列傳)에 의하면

> 燕有賢將秦開 為質於胡 胡甚信之 帰而襲破走東胡 東胡卻千餘里 燕亦築長城
>
> 自造陽 至襄平 置上谷 漁陽 右北平 遼西 遼東郡以拒胡
>
> 연(燕)의 현장(賢將) 진개(秦開)가 호(胡)에 인질이 되어 호(胡)의 신뢰를 받았다.
>
> 진개(秦開)가 연(燕)으로 돌아온 후 군대를 이끌고 동호(東胡)를 습격해 패주시켰다.
>
> 이때 동호(東胡)는 천여 리(里)나 후퇴했다.
>
> 연(燕) 또한 장성(長城)을 쌓았는데 조양(造陽)에서 양평(襄平)에 이르렀다.
>
> 그리고 상곡(上谷)·어양(漁陽)·우북평(右北平)·요서(遼西)·요동군(遼東郡)을
>
> 설치하여 호(胡)를 방어했다.

전국시대(戰國時代) 연(燕)의 북쪽에 동호(東胡)가 위치했다.

연(燕)은 동호(東胡)를 북쪽으로 천여 리(里) 밀어내고 연장성(燕長城)을 축성(築城)한 후, 상곡군(上谷郡)·어양군(漁陽郡)·우북평군(右北平郡)·요서군(遼西郡)·요동군(遼東郡)을 설치했다.

당시 요동(遼東)인 고죽국(孤竹國)의 영토까지 연장성(燕長城)을 축성(築城)한 것이다.

연(燕)은 연장성동단(燕長城東端) 양평현(襄平縣)을 방어하는 요동고새(遼東故塞)를 축성(築城)한 후, 요동군(遼東郡)을 설치했는데 고중국(古中國) 역사상(歷史上) 최초의 요동군(遼東郡)이다.

연(燕)이 요동군(遼東郡)을 설치하면서 마침내 고죽국(孤竹國)의 영토를 고중국(古中國)의 내지(內地)로 편입할 수 있었다.

요동고새(遼東故塞)는 연(燕) 요동군(遼東郡) 양평현(襄平縣)을 방어하던 장새(鄣塞)이다.

연장성(燕長城)은 북쪽의 흉노(匈奴)를 방어하는 장성(長城)이므로 양평현(襄平縣)의 동쪽, 즉 고조선(古朝鮮)을 방어하는 장새(鄣塞)도 필요하다.

진개(秦開)의 동정(東征) 이후, 연(燕)은 고죽국(孤竹國)의 영토 내(內)에

연장성동단(燕長城東端) 양평현(襄平縣)을 방어하는 요동고새(遼東故塞)를

축성(築城)하였으며, 연(燕) 요동군(遼東郡)을 설치했다.

고중국(古中國)과 고조선(古朝鮮) 간(間) 첫 번째 완충지대는 고죽국(孤竹國)의 영토였으며, 고죽국(孤竹國) 멸망 후, 전국시대(戰國時代) 연(燕)은 고죽국(孤竹國)의 영토 서부 지역에서 흐르는 요수(遼水)까지 영토로 편입하여 요수(遼水)를 국경으로 삼았다.

이후, 진개(秦開)의 동정(東征)이 실행된 이유는 패수(浿水)까지의 나머지 고죽국(孤竹國)의 영토를 내지(內地)로 편입하기 위해서였다.

연(燕)이 요수(遼水)와 패수(浿水) 사이의 요동(遼東)을 영토로 편입하면서, 연(燕)의 동쪽 국경은 요수(遼水)에서 패수(浿水)로 이동했다.

진개(秦開)의 동정(東征) 이후, 연(燕)의 동쪽 국경은 패수(浿水)이다.

5. 패수(浿水)와 패수(沛水) 사이의 땅은 진요동(秦遼東)이 되었다.

연소왕(燕昭王) 시기, 연(燕)은 연장성동단(燕長城東端)이 위치한 연요동(燕遼東)에 연(燕) 요동군(遼東郡)을 설치했다.

연(燕)은 연요동(燕遼東) 동쪽에 위치한 패수(浿水)와 패수(沛水) 사이의 땅도 요동(遼東)이라 칭(稱)했다.

연요동(燕遼東)과 구분하기 위하여 본 연구자는 패수(浿水)와 패수(沛水) 사이의 요동(遼東)을 진요동(秦遼東)이라 칭(稱)하고 있는데, 그곳에 진(秦) 요동군(遼東郡)이 설치되었기 때문이다.

연요동(燕遼東) 동쪽에 진요동(秦遼東)이 있다는 근거는 다음과 같다.

사기(史記) 권34 연소공세가(燕召公世家)에 의하면

> 秦攻拔我薊 燕王亡 徙居遼東
>
> 진(秦)이 공격하여 계(薊)를 점령했다. 연왕(燕王)이 도망(逃亡)갔다.
>
> 요동(遼東)으로 옮겨 차지했다.

같은 사건을 기록한 사기(史記) 권6 진시황본기(秦始皇本紀)에 의하면

> 取燕薊城 燕王東收遼東而王之
>
> 연(燕)의 계성(薊城)을 점령했다.
>
> 연왕(燕王)이 동쪽으로 요동(遼東)을 빼앗고 왕(王)이 되었다.

연(燕) 태자(太子) 단(丹)이 계획한 진왕(秦王) 정(政) 암살이 실패한 이후, 진(秦)의 군대가 연(燕) 태자(太子)의 군대를 격파했다.

BC 226년, 진(秦)은 연(燕)의 계성(薊城)을 점령했으며, 태자(太子) 단(丹)은 죽었다.

이때 연왕(燕王) 희(喜)는 동쪽으로 도망쳐 요동(遼東)을 빼앗아 차지하고 그곳의 왕(王)이 되었으니 BC 226년에 연(燕)은 사실상 멸망했다.

'연왕(燕王)이 요동(遼東)을 빼앗아 차지했다'고 기록되어 있으니 당시의 요동(遼東)은 연(燕)의 영토가 아니다.

연왕(燕王) 희(喜)와 함께 도망간 세력(勢力)과 고조선(古朝鮮) 간(間) 충돌 기록이 없으므로 이 시기의 요동(遼東)은 고조선(古朝鮮)의 영토가 아니다.

이 새로운 요동(遼東)은 진개(秦開)의 동정(東征) 이후, 연(燕)과 고조선(古朝鮮) 간(間) 새로운 완충지대(緩衝地帶)였던 패수(浿水)와 패수(沛水) 사이의 진요동(秦遼東)이며, BC 226년, 진(秦)은 진요동(秦遼東)으로 도망간 연왕(燕王) 희(喜)를 추격하지 않았다.

6. BC 222년 이후, 진(秦)과 고조선(古朝鮮) 간(間) 국경은 패수(沛水)이다.

BC 226년, 연왕(燕王) 희(喜)는 진요동(秦遼東)을 빼앗아 차지했으며, 진요동(秦遼東)에서 4년 이상 왕(王) 노릇을 했다.

연왕(燕王) 희(喜)와 함께한 세력(勢力)은 도망간 처지였지만 진요동(秦遼東)을 차지한 것으로 보아 규모가 작지 않았음을 알 수 있다.

BC 222년, 진(秦)은 진요동(秦遼東)으로 군대를 보내 연왕(燕王) 희(喜)를 사로잡고 진요동(秦遼東)을 점유했다.

이후, 진(秦)과 고조선(古朝鮮) 간(間) 국경은 패수(沛水)이다.

7. 진(秦)이 진요동(秦遼東)을 점유하고 진(秦) 요동군(遼東郡)을 설치했다.

사기(史記) 진시황본기(秦始皇本紀)에 의하면 BC 222년, 진(秦)은 진요동(秦遼東)으로 군대를 보내 연왕(燕王) 희(喜)를 사로잡았다.

이때 진(秦)은 진요동(秦遼東) 동쪽 경계인 패수(沛水)를 넘어 고조선(古朝鮮)을 침략하지 않았다.

진시황(秦始皇)에게 고조선(古朝鮮)은 이민족(異民族) 국가일 뿐이다.

먼저 고중국(古中國)을 통일해야 이민족(異民族)을 정벌할 여력이 생기는 것이다.

진(秦)의 군대는 진요동(秦遼東)에서 철군했고, 현(現) 산서성(山西省)의 대(代) 지역에서 항거(抗拒)하던 조(趙)나라 마지막 왕(王)의 아들 가(嘉)를 사로잡았다.

BC 221년, 진(秦)은 제(齊)를 멸망시키며 전국시대(戰國時代)를 마감하고 고중국(古中國)을 통일했다.

이후, 진(秦)은 진요동(秦遼東)에 진(秦) 요동군(遼東郡)을 설치했다.

8. 진(秦)이 패수(沛水)를 넘어 고조선(古朝鮮)을 침략했다.

진시황(秦始皇)은 고중국(古中國)을 통일한 BC 221년부터 BC 216년까지 내치(內治)에 전념했다.

BC 215년, 진시황(秦始皇)은 '진(秦)을 망하게 할 자는 호(胡)이다'라는 예언을 접(接)하고, 몽염(蒙恬)으로 하여금 군사 30만 명을 일으키게 하여 북쪽의 호(胡)를 공격했으며, 그 결과 하남(河南)을 점령했다.

이후, 호(胡)가 물러난 땅에 장성(長城)을 쌓게 하였는데, 임조(臨洮)에서 진요동(秦遼東)까지 길이가 만여 리(里)나 되어 만리장성(萬里長城)이라 불리었다.

> **학설 8)**
>
> 패수(浿水)와 패수(沛水) 사이 진요동(秦遼東)까지 만리장성(萬里長城)이 축성(築城)되었고, 진요동(秦遼東)에 진(秦) 요동군(遼東郡)이 설치되었다.

이후, 이민족(異民族) 정복 전쟁은 사방(四方)으로 확대되었다.

BC 214년, 진(秦)은 육량(陸梁) 지역을 약취(略取)하여 계림군(桂林郡)·상군(象郡)·남해군(南海郡)을 설치했으며, 서북쪽의 흉노(匈奴)를 몰아냈다.

BC 214년, 진(秦)은 황하를 건너 고궐(高闕)·양산(陽山)·북가(北假) 일대를 빼앗고 요새(要塞)를 쌓아 융인(戎人)들을 몰아냈다.

진(秦)이 고조선(古朝鮮)을 침략한 연도(年度)는 BC 215년 이후임을 알 수 있다.

사기(史記) 권115 조선열전(朝鮮列傳)에 의하면

> 秦滅燕 屬遼東外徼 漢興 為其遠難守 複修遼東故塞 至浿水為界
>
> 진(秦)이 연(燕)을 멸(滅)한 후, 요동외요(遼東外徼)에 속(屬)했다.
>
> 한(漢)이 건국하여 그곳은 멀어서 지키기가 어려워 다시 요동고새(遼東故塞)를 수리하여 패수(浿水)에 이르러 경계를 정했다.

속(屬)은 '복종하다'라는 뜻으로, 요동외요(遼東外徼)의 '요(徼)'는 복종의 대상인 군사적 요새(要塞)로 해석해야 한다.

BC 226년, 연왕(燕王) 희(喜)가 진요동(秦遼東)의 토호세력(土豪勢力)으로부터 진요동(秦遼東)을 빼앗아 차지하였으나, 연왕(燕王) 희(喜)와 함께한 세력(勢力)은 연(燕)에서 도망간 세력(勢力)으로 패수(沛水) 동쪽 고조선(古朝鮮)을 침략할 힘이 없었다.

BC 222년, 진(秦)의 군대가 연왕(燕王)이 점유하고 있던 진요동(秦遼東)을 장악하였을 때 고조선(古朝鮮)의 서쪽 국경은 패수(沛水)이다.

염철론(鹽鐵論) 권44 주진(誅秦) 편(篇)에 의하면

秦旣幷天下 東絶沛水 幷滅朝鮮 漢興 爲其遠難守 複修遼東故塞 至浿水爲界
진(秦)이 천하(天下)를 병탄(竝呑)한 후, 동쪽으로 패수(沛水)를 건너
조선(朝鮮)을 멸(滅)하여 병탄(竝呑)하였다

BC 215년 이후, 진(秦)은 사방(四方)으로 이민족(異民族) 정복 전쟁을 벌였다.

여기에 고조선(古朝鮮)이 예외가 될 수 없다.

따라서 '진(秦)이 천하(天下)를 병탄(竝呑)한 후, 동쪽으로 패수(沛水)를 건너 조선(朝鮮)을 멸(滅)하여 병탄(竝呑)하였다'는 기록은 역사적 사실이며, 그 결과 요동외요(遼東外徼)가 설치되었다.

다만 진(秦)은 고조선(古朝鮮)의 리더국인 낙랑조선(樂浪朝鮮)도 정복하지 못했다.

'진(秦)이 조선(朝鮮)을 멸(滅)하였다'는 기록은 '패수(沛水) 동쪽 병탄(竝呑)한 낙랑(樂浪) 땅의 정치세력(政治勢力)을 멸망시켰다'는 의미이다.

중앙집권 국가인 진(秦)이 병탄(竝呑)한 땅에 군현(郡縣)을 설치하지 못하고, 요동외요(遼東外徼)라 불린 요새(要塞)만 설치했다는 기록은 아직 그 지역의 군사적 긴장감이 끝나지 않았음을 의미한다.

9. 진(秦)이 패수(浿水) 동쪽에 요동외요(遼東外徼)를 설치했다.

사기(史記) 권115 조선열전(朝鮮列傳)에 의하면

> 秦滅燕 屬遼東外徼
>
> 진(秦)이 연(燕)을 멸(滅)한 후, 요동외요(遼東外徼)에 속(屬)했다.

요동외요(遼東外徼)란 '요동(遼東)을 벗어난 지역의 요(徼)'란 뜻이다.

사기(史記)를 편찬한 사마천(司馬遷)은 요동외요(遼東外徼)가 설치된 땅은 고조선(古朝鮮)의 새로운 서쪽 국경인 패수(浿水) 동쪽 땅임을 정확히 인지하고 있었다.

이 기록은 진(秦)의 고중국(古中國) 통일 전과 후의 기록을 통합하여 기술한 것이다.

시기별로 A 와 B로 분리한다면

A. 진(秦)이 고중국(古中國)을 통일하기 전

> 진(秦)이 연(燕)을 멸(滅)했다.

BC 226년, 연왕(燕王) 희(喜)는 동쪽으로 도망쳐 진요동(秦遼東)을 빼앗아 차지하고 그곳의 왕(王)이 되었으니 연(燕)은 사실상 멸망했다.

사기(史記)에는 BC 222년, 진(秦)이 연왕(燕王) 희(喜)를 사로잡으면서 연(燕)이 멸망한 것으로 기록되어 있다.

BC 222년까지 요동외요(遼東外徼)는 존재하지 않았다.

B. 진(秦)이 고중국(古中國)을 통일하고 고조선(古朝鮮)을 침략한 후

> 요동외요(遼東外徼)에 속(屬)했다.

요동외요(遼東外徼)가 설치된 연도는 염철론(鹽鐵論) 주진(誅秦) 편(篇)의 기록대로 진(秦)이 천하(天下)를 병탄(竝呑)한 후이다.

고중국(古中國) 통일 후, 진(秦)이 가장 먼저 공격한 이민족(異民族)은 북쪽의 호(胡), 즉 흉노(匈奴)이고, 연도는 BC 215년이다.

따라서 진(秦)이 고조선(古朝鮮)을 공격한 연도는 BC 215년 이후이다.

BC 210년, 진시황(秦始皇)이 사망했다.

진(秦)의 이민족(異民族) 정복은 진시황(秦始皇)의 업적이기 때문에 진(秦)이 고조선(古朝鮮)을 공격한 연도는 BC 215년에서 BC 210년 사이이다.

BC 215년에서 BC 210년 사이가 진(秦)의 전성기였고, 진시황(秦始皇) 사망 후, 흉노(匈奴)와 고조선(古朝鮮)은 새로이 축성(築城)된 만리장성(萬里長城)을 모두 무력화시켰다.

진(秦)이 고조선(古朝鮮)을 공격하여 점유한 곳은 낙랑(樂浪) 땅 서북부 지역이며, 그 땅에 요동외요(遼東外徼)를 설치했다.

진(秦)이 병탄(竝呑)한 땅에 군(郡)이 아닌 요동외요(遼東外徼)를 설치했다는 것은 낙랑(樂浪)을 완전히 굴복시키지 못했다는 의미이다.

또한 당시 패수(浿水) 동쪽 낙랑(樂浪) 땅은 요동(遼東)이라 불리우지 않았기 때문에 사마천(司馬遷)이 패수(浿水) 동쪽에 설치된 요(徼)를 요동외요(遼東外徼)라 칭(稱)한 것은 적절한 표현이다.

학설 9)

[진(秦)의 전성기]

요수(遼水) ➡ 연장성동단(燕長城東端) 양평현(襄平縣)과 요동고새(遼東故塞) ➡

패수(浿水) ➡ 만리장성동단(萬里長城東端)이 위치한 진요동(秦遼東) ➡ 패수(浿水)

➡ 요동외요(遼東外徼) ➡ 고조선(古朝鮮) 중심지가 서쪽에서 동쪽 방향으로 위치한다.

10. 고조선(古朝鮮)이 요동외요(遼東外徼)를 넘어 진요동(秦遼東)을 수복했다.

고조선(古朝鮮)이 진(秦)의 침략으로 빼앗긴 영토를 수복하고 나아가 과거 연(燕)과 고조선(古朝鮮) 간(間) 전쟁으로 상실했던 진요동(秦遼東)을 수복했다.

염철론(鹽鐵論) 권7 비호(備胡) 편(篇)에 의하면

> 朝鮮踰徼 刦燕之東地
>
> 조선(朝鮮)이 요(徼)를 넘어 연(燕)의 동쪽 땅을 강탈(强奪)했다.

고조선(古朝鮮)이 넘은 요(徼)는 요동외요(遼東外徼)이다.

'연(燕)의 동쪽 땅을 강탈(强奪)했다'고 기록되어 있는데, 고조선(古朝鮮)이 패수(沛水)를 건너 연(燕)의 동쪽 땅을 고조선(古朝鮮)의 영토로 편입하였다.

연(燕)의 땅을 강탈(强奪)한 것이 아니라 '연(燕)의 동쪽 땅을 강탈(强奪)하였다'고 기록되어 있으므로 진요동(秦遼東)을 편입한 것이다.

연(燕)의 전성기에도 패수(浿水)와 패수(沛水) 사이 진요동(秦遼東)은 연(燕)의 영토가 아니라 연(燕)과 고조선(古朝鮮) 간(間) 새로운 완충지대(緩衝地帶)였다.

이러한 이유로 염철론(鹽鐵論)에서는 진요동(秦遼東)을 연(燕)의 동쪽 땅이라 표현한 것이다.

고중국(古中國)의 입장에서는 강탈(强奪)이라 기록하였지만, 고조선(古朝鮮)의 입장에서는 본래 고조선(古朝鮮)의 영토인 진요동(秦遼東)을 수복한 것이다.

학설 10)

[진(秦) 말기(末期)]

요수(遼水) ➡ 연장성동단(燕長城東端) 양평현(襄平縣)과 요동고새(遼東故塞) ➡

패수(浿水) ➡ 고조선(古朝鮮)이 서쪽에서 동쪽 방향으로 위치한다.

11. 패수(浿水)는 패수(沛水) 서쪽에 위치한다.

사기(史記) 권115 조선열전(朝鮮列傳)에 의하면

> 秦滅燕 屬遼東外徼 漢興 爲其遠難守 複修遼東故塞 至浿水爲界
>
> 진(秦)이 연(燕)을 멸(滅)한 후, 요동외요(遼東外徼)에 속(屬)했다. 한(漢)이 건국하여
> 그곳은 멀어서 지키기가 어려워 다시 요동고새(遼東故塞)를 수리하여 패수(浿水)에
> 이르러 경계를 정했다.

한(漢)이 건국된 후, 한(漢)과 고조선(古朝鮮) 간(間) 국경은 패수(浿水)로 결정되었다.

고조선(古朝鮮)의 입장에서는 고중국(古中國)과 고조선(古朝鮮) 간(間) 본래의 국경으로 되돌린 것이다.

반면, 고중국(古中國)의 입장인 한(漢)의 관료(官僚)·현량(賢良)·문학(文學)들이 토론한 염철회의(鹽鐵會議)에서 '고조선(古朝鮮)이 연(燕)의 동쪽 땅을 강탈(强奪)했다'는 명제가 정론(定論)이었음은 시사하는 바가 크다.

수(隋)는 '고구려(高句麗)가 고중국(古中國)의 고유영토(固有領土)인 고죽국(孤竹國)의 영토를 차지했다'고 오해하여 고구려(高句麗)를 침공했다.

최근에 '고려(高麗)와 조선(朝鮮)이 북진하여 중국 땅을 잠식하면서 현(現) 압록강(鴨綠江)과 두만강(豆滿江)에 이르렀다'라는 말이 나오는 것도 같은 맥락이다.

역사적 사실은 고려(高麗)가 고려서경(高麗西京)을 포기하지 않았다면 명(明)은 현(現) 요하(遼河) 동쪽으로 진입하지 못했다.

패수(浿水)는 한(漢)이 진(秦)의 영토였던 진요동(秦遼東)을 포기하면서 결정된 한(漢)과 고조선(古朝鮮) 간(間) 국경이다.

따라서 패수(浿水)는 진(秦)과 고조선(古朝鮮) 간(間) 국경인 패수(沛水) 서쪽에 위치하고 있음이 명백하다.

12. [고조선 패수(浿水)]가 고조선(古朝鮮) 서쪽 국경이 아니었던 기간은 100년 미만 이다.

진개(秦開)의 동정(東征) 이후, 연(燕)과 고조선(古朝鮮) 간(間) 국경은 만번한(滿潘汗) 이라는 주장이 대세이지만, 역사적 사실이 아니다.

만번한(滿潘汗)은 패수(浿水) 동쪽 패수(沛水)를 기준으로도 동쪽에 위치한다.

반면, 진개(秦開)의 동정(東征) 이후, 연(燕)의 동쪽 한계는 패수(浿水)였다.

패수(浿水)는 애초에 고중국(古中國)과 고조선(古朝鮮) 간(間) 국경이었다.

고조선(古朝鮮)이 한(漢)의 침략으로 멸망할 때까지 패수(浿水)는 고조선(古朝鮮) 서 쪽 국경으로 유지되었다.

사기(史記) 권115 조선열전(朝鮮列傳)에 의하면

元封二年 漢使涉何譙諭右渠 終不肯奉詔 何去至界上 臨浿水 使禦刺殺送何者 朝鮮裨王長 即渡 馳入塞

원봉(元封) 2년, 한(漢)은 섭하(涉何)를 시켜 우거(右渠)를 꾸짖고 타이르게 했으나, 끝내 그는 황제(皇帝)의 명령을 받아들이지 않았다. 섭하(涉何)가 국경에 이르러 패수(浿水)에 다다랐다. 섭하(涉何)는 수레를 끄는 사람을 시켜 전송하던 조선(朝鮮)의 비왕(裨王) 장(長)을 죽였다. 그리고는 바로 패수(浿水)를 건너 말을 달려서 새(塞)로 들어갔다.

새(塞)는 연장성(燕長城) 동단(東端) 양평현(襄平縣)을 방어하던 요동고새(遼東故塞)이다.

새(塞) 동쪽 패수(浿水)는 한(漢)과 고조선(古朝鮮) 간(間) 국경이다.

BC 109년, 한(漢) 무제(武帝) 원봉(元封) 2년, 낙랑조선(樂浪朝鮮)이 한(漢)의 침략으 로 멸망하기 1년 전이다.

고조선(古朝鮮)이 멸망할 때까지 국경으로 유지되었던 [고조선 패수(浿水)]가 고조 선(古朝鮮) 서쪽 국경이 아니었던 기간은 100년 미만이다.

第5節
가설(假說) 논증에 연관된 연구

1. 연(燕)이 고조선(古朝鮮)을 침략한 시기

연(燕)의 장수 진개(秦開)가 동호(東胡)를 습격하여 북쪽으로 1,000리(里)를 물러나게 하고, 요동(遼東)을 지나 고조선(古朝鮮)을 공격하여 진번(眞番)을 멸망시켰으며, 연장성(燕長城)을 축성(築城)하여 연(燕) 요동군(遼東郡)을 설치한 사건들은 모두 연(燕)이 강성했던 연소왕(燕昭王) 재위기간(在位期間)〈BC 311 ~ BC 279년〉에 일어난 일이다.

연장성(燕長城)을 축성(築城)하여 연(燕) 요동군(遼東郡)을 설치한 시기는 연소왕(燕昭王) 재위기간(在位期間)으로 사기(史記)에 기록되어 있으며, 연장성(燕長城) 축성(築城) 시기는 BC 300년경이다.

따라서 진개(秦開)가 동정(東征)한 시기는 BC 4세기 말이다.

진개(秦開)의 동정(東征) 시기는 진개(秦開)의 손(孫)인 진무양(秦舞陽)에 관한 기록으로 추산하기도 한다.

사기(史記) 권110 흉노열전(匈奴列傳)에 의하면

> 형가(荊軻)와 함께 진왕(秦王) 정(政)을 죽이러 갔던 진무양(秦舞陽)은 진개(秦開)의 손(孫)이다.

BC 227년, 형가(荊軻)의 암살 시도가 발각되었다.

진개(秦開)는 진무양(秦舞陽)의 조(祖)이며, 연(燕)과 동호(東胡) 간(間) 전쟁은 BC 227년을 기준으로 약 80년 전에 일어난 일이다.

진개(秦開)는 진무양(秦舞陽)의 증조부로 추정되지만, 공자(孔子)의 아버지 나이를 고려하면 조부였을 가능성도 충분하다.

2. 고조선(古朝鮮)이 진요동(秦遼東)을 수복한 시기

고조선(古朝鮮)이 진요동(秦遼東)을 수복한 사건은 진(秦) 말기(末期)〈BC 209 ~ BC 207년〉에 일어났다.

사기(史記) 권48 진섭세가(陳涉世家)에 의하면

> BC 209년, 진섭(陳涉)이 장초(張楚)를 건국하여 왕(王)이 되었으며,
>
> 진섭(陳涉)은 무신(武臣)에게 옛 조(趙)의 땅을 공격하라고 명령했다.
>
> 그런데 무신(武臣)은 한단(邯鄲)에 이르러 스스로 조왕(趙王)이 되었다.
>
> 조왕(趙王)이 된 무신(武臣)은 한광(韓廣)에게 병사들을 이끌고 북으로 옛 연(燕)의 땅을
>
> 공격하게 했다. 그리고 한광(韓廣) 역시 연왕(燕王)이 되었다.

위의 모든 사건은 BC 209년에 발생했으며, 이러한 상황에서 진(秦)이 요동외요(遼東外徼)에 파견한 군대는 정상적으로 운영될 수 없다.

고조선(古朝鮮)의 입장에서는 진(秦)의 침략에 반격할 기회가 찾아왔다.

고조선(古朝鮮)은 기회를 놓치지 않고, 진요동(秦遼東)까지 고조선(古朝鮮)의 영토를 모두 수복했다.

사기(史記) 권7 항우본기(項羽本紀)에 의하면

> BC 206년 2월, 항우(項羽)는 훗날 황제(皇帝)가 되는 유방(劉邦)을 한왕(漢王)으로
>
> 봉(封)하는 등 제후국(諸侯國)들의 왕(王)을 봉(封)했다. 이때 항우(項羽)는 한광(韓廣)이
>
> 통치하고 있었던 연국(燕國)을 나누어 연국(燕國)과 요동국(遼東國)을 두었다.
>
> 항우(項羽)는 장도(臧荼)를 연국(燕國)의 연왕(燕王)으로 봉(封)하여 계(薊)에 도읍하게
>
> 했으며, 본래 연국(燕國)의 연왕(燕王)이었던 한광(韓廣)을 요동국(遼東國)의
>
> 요동왕(遼東王)으로 봉(封)했다.

진(秦)을 멸망시키면서 고중국(古中國)을 제패한 항우(項羽)는 패왕으로 군림했다.

항우(項羽)는 연국(燕國)을 나누어 요동국(遼東國)을 세우고, 한광(韓廣)을 요동왕(遼東王)으로 봉(封)했다.

그러나 패수(浿水) 동쪽 진요동(秦遼東)은 고조선(古朝鮮)이 이미 수복했기 때문에 고중국(古中國)에 요동(遼東) 땅은 연요동(燕遼東) 밖에 남아있지 않았다.

연요동(燕遼東)은 일국(一國)의 영토가 되기에는 너무 협소(狹小)했다.

이 때문에 항우(項羽)는 고죽국요수(孤竹國遼水) 서쪽 무종(無終) 일대를 요동국(遼東國)의 영토로 편입시키고, 무종(無終)을 요동국(遼東國)의 도읍으로 정했다.

춘추시대(春秋時代) 연(燕)의 북쪽에 위치한 산융(山戎)과 동북쪽에 위치한 고죽국(孤竹國)의 영토가 결합하여 요동국(遼東國)이 탄생한 것이며, 훗날 한(漢)의 우북평군(右北平郡)과 요서군(遼西郡) 서부 지역의 영토로 승계(承繼)되었다.

BC 206년 2월, 요동국(遼東國)의 도읍이 고죽국요수(孤竹國遼水) 서쪽에 위치한 무종(無終)이라는 사실을 감안할 때, 고조선(古朝鮮)은 늦어도 BC 207년에는 이미 진요동(秦遼東)을 수복했음을 알 수 있다.

3. 한(漢)과 고조선(古朝鮮) 간(間) 국경인 패수(浿水)는 북쪽에서 남쪽으로 흐르는 하천이다.

한(漢)과 고조선(古朝鮮)이 전쟁을 한 배경은 다음과 같다.

사기(史記) 권115 조선열전(朝鮮列傳)에 의하면

> 元封二年 漢使涉何譙諭右渠 終不肯奉詔 何去至界上 臨浿水 使馭刺殺送何者
>
> 朝鮮裨王長 即渡 馳入塞
>
> 원봉(元封) 2년, 한(漢)은 섭하(涉何)를 시켜 우거(右渠)를 꾸짖고 타이르게 했으나, 끝내 그는 황제(皇帝)의 명령을 받아들이지 않았다. 섭하(涉何)가 국경에 이르러 패수(浿水)에 다다랐다. 섭하(涉何)는 수레를 끄는 사람을 시켜 전송하던 조선(朝鮮)의 비왕(裨王) 장(長)을 죽였다. 그리고는 바로 패수(浿水)를 건너 말을 달려서 새(塞)로 들어갔다.

BC 109년, 한무제(漢武帝)는 고조선(古朝鮮)의 비왕(裨王) 장(長)을 죽인 그의 사신 섭하(涉何)를 곧바로 요동(遼東) 동부도위(東部都尉)로 임명했다.

사기(史記) 조선열전(朝鮮列傳)에 의하면 고조선(古朝鮮)은 패수(浿水)를 넘어 연요동(燕遼東)을 습격해 섭하(涉何)를 죽였다.

섭하(涉何)가 고조선(古朝鮮)의 비왕(裨王) 장(長)을 죽인 것에 대한 보복이었지만, 고조선(古朝鮮)의 군대는 전면전을 각오하고 한(漢)의 영토로 진입한 것이다.

한무제(漢武帝)의 과격한 행보에 고조선(古朝鮮)은 전쟁이 불가피하다고 판단하여 선제공격을 감행한 것일 수도 있다.

고구려(高句麗) 영양왕(嬰陽王)이 만여 명의 군사를 거느리고 친히 수(隋) 요서군(遼西郡)을 공격하면서 수(隋)·당(唐)과 고구려(高句麗) 간(間) 70년 전쟁이 시작된 것도 비슷한 예(例)다.

한(漢) 무제(武帝)는 고조선(古朝鮮) 정벌을 명(命)했다.

사기(史記) 권115 조선열전(朝鮮列傳)에 의하면

> 遣樓船將軍楊僕從齊浮渤海 兵五萬人左將軍荀彘出遼東 討右渠
>
> 누선장군(樓船將軍) 양복(楊僕)을 파견해 제(齊)의 땅에서 출발하여 발해(渤海)를 건너게 했으며, 군사 5만명의 좌장군(左將軍) 순체(荀彘)는 요동(遼東)에서 출발하여 우거(右渠)를 공격하게 했다.

누선장군(樓船將軍) 양복(楊僕)이 지휘한 군대는 수군(水軍)으로 그 규모는 알 수 없다.

누선장군(樓船將軍) 양복(楊僕)의 군대는 바다를 통한 진군(進軍)으로 고조선(古朝鮮)의 영토에 별다른 문제 없이 상륙했다.

한편, 좌장군(左將軍) 순체(荀彘)의 군대는 육군(陸軍)으로 양복(楊僕)의 군대와는 다른 상황에 놓였다.

사기(史記) 권115 조선열전(朝鮮列傳)에 의하면

> **左將軍擊朝鮮浿水西軍 未能破自前**
> 좌장군(左將軍)이 조선(朝鮮)의 패수서군(浿水西軍)을 공격했으나 깨뜨리고 전진할
> 수 없었다.

좌장군(左將軍) 순체(荀彘)가 지휘한 육군(陸軍)은 한(漢)과 고조선(古朝鮮) 간(間) 국경인 패수(浿水)를 돌파해야 고조선(古朝鮮)의 영토로 진입할 수 있다.

그러나 섭하(涉何)를 죽이기 위해 한(漢)의 영토에 진입한 고조선(古朝鮮)의 군대는 패수(浿水) 동쪽으로 철수하지 않고 연요동(燕遼東)에 주둔하고 있었다.

한(漢)과 고조선(古朝鮮) 간(間) 국경인 패수(浿水)가 북쪽에서 남쪽으로 흐르기 때문에 사마천(司馬遷)은 패수(浿水) 서쪽 연요동(燕遼東)에 주둔한 고조선(古朝鮮)의 군대를 패수서군(浿水西軍)으로 기록했다.

국가 간(間) 전쟁은 국경 인근에서 시작되는 것이 일반적이다.

한(漢)과 고조선(古朝鮮) 간(間) 전쟁도 첫 전투는 국경인 패수(浿水) 일대에서 벌어졌으며, 사마천(司馬遷)은 좌장군(左將軍) 순체(荀彘)가 고조선(古朝鮮)의 국경인 패수(浿水)를 돌파하는 과정을 기록했다.

사마천(司馬遷)은 고조선(古朝鮮)을 멸망시킨 한무제(漢武帝)의 사관(史官)으로 당시 한(漢)과 고조선(古朝鮮) 간(間) 전쟁을 사기(史記)에 자세히 기록할 수 있었다.

한(漢)과 고조선(古朝鮮) 간(間) 국경인 패수(浿水)는 북쪽에서 남쪽으로 흐르는 하천이다.

반면, 고조선(古朝鮮) 멸망 후, 낙랑군(樂浪郡) 패수(浿水)는 낙랑군(樂浪郡)을 따라다니는 하천명(河川名)으로, 전한(前漢) 시기에는 서쪽으로 흐르는 하천이 패수(浿水)였고, 후한(後漢) 시기에는 동쪽으로 흐르는 하천이 패수(浿水)였다.

사기(史記)에 의하면 고조선(古朝鮮)의 영토는 방수천리(方數千里)이다.

방수천리(方數千里) 국가의 서쪽 국경인 패수(浿水)와 그 국가의 수도 내(內)에서 흐르는 패수(浿水)가 하천명(河川名)이 동일(同一)하다는 이유로 같은 하천이라고 주장하는 것은 '공간지각능력이 부족하다'고 자인하는 것이다.

고중국(古中國)이 고조선(古朝鮮)을 멸망시켰음에도 불구하고 고중국(古中國)과 고조선(古朝鮮) 간(間) 국경의 하천명(河川名)이었던 패수(浿水)가 정사서(正史書)에 선명하게 기록된 것은 패수(浿水)가 격하(格下)되었기 때문에 가능했다.

[고조선 패수(浿水)]가 흐르는 곳은 요동(遼東) 땅이다.

고중국(古中國)은 '패수(浿水) 동쪽 진요동(秦遼東)은 고중국(古中國)의 영토였다'고 믿고 있었는데, 진요동(秦遼東) 서쪽에 위치한 패수(浿水)가 기록에 남아 있겠는가?

고조선(古朝鮮)을 멸망시킨 한(漢)은 고조선(古朝鮮)의 영토 내(內)에 군현(郡縣)들을 설치하면서, 고조선(古朝鮮)이라는 국가를 조선현(朝鮮縣)이라는 일개(一介) 현(縣)으로 격하(格下)시켰다.

이어서 고중국(古中國)과 고조선(古朝鮮) 간(間) 경계는 애초에 존재하지 않는다는 화이사상(華夷思想)으로 한(漢)과 고조선(古朝鮮) 간(間) 국경인 패수(浿水) 또한 일개(一介) 현(縣)에서 흐르는 하천으로 격하(格下)시켰다.

사기(史記)에 의하면 한(漢)은 고조선(古朝鮮)의 북쪽이 아니라 서쪽에 접(接)해 있다.

따라서 한(漢)과 고조선(古朝鮮) 간(間) 국경인 패수(浿水)는 상식적으로 생각해 보아도 북쪽에서 남쪽으로 흐르는 하천이다.

학설 11)

한(漢)과 고조선(古朝鮮) 간(間) 국경인 패수(浿水)는 북쪽에서 남쪽으로 흐르는 하천이다.

4. 요동외요(遼東外徼)의 성격

사기(史記) 권115 조선열전(朝鮮列傳)에 의하면

> **秦滅燕 屬遼東外徼 漢興 為其遠難守 複修遼東故塞 至浿水為界**
>
> 진(秦)이 연(燕)을 멸(滅)한 후, 요동외요(遼東外徼)에 속(屬)했다.
> 한(漢)이 건국하여 그곳은 멀어서 지키기가 어려워 다시 요동고새(遼東故塞)를
> 수리하여 패수(浿水)에 이르러 경계를 정했다.

요동외요(遼東外徼)를 설치한 주체는 진(秦)이며, 요(徼)는 '군대가 주둔하는 변방의 요새(要塞)'를 일컫는다.

요동외요(遼東外徼)는 '요동(遼東)을 벗어난 지역에 설치된 요(徼)'라는 뜻으로, 진요동(秦遼東) 동쪽, 즉 패수(浿水) 동쪽에 설치되었다.

사기(史記)에는 요동외요(遼東外徼)가 국경인 패수(浿水)에서 멀다고 기록되어 있다.

사기(史記) 권110 흉노열전(匈奴列傳)에 의하면

> **起臨洮至遼東萬餘里**
>
> 임조(臨洮)에서 시작하여 요동(遼東)에 이르기까지 만여 리(里)이다.

만리장성(萬里長城)이 축성(築城)될 당시의 요동(遼東)은 진요동(秦遼東)이며, 만리장성동단(萬里長城東端)은 패수(浿水) 서쪽에 인접(隣接)해 있는 임유현(臨渝縣)이다.

진(秦)의 만리장성(萬里長城)이 패수(浿水)를 넘었다면 '임조(臨洮)에서 시작하여 조선(朝鮮) 또는 낙랑(樂浪)에 이르기까지 만여 리(里)이다'라고 기록되었을 것이다.

진(秦)이 패수(浿水)를 넘어 고조선(古朝鮮)을 침략하여 고조선(古朝鮮)의 땅을 점령한 것은 역사적 사실이지만, 진(秦)은 그 땅에 군현(郡縣)을 설치하지 못했다.

또한 요동외요(遼東外徼)가 유지된 기간은 최대 8년이다.

고조선(古朝鮮)의 반격으로 진(秦)과 고조선(古朝鮮) 간(間) 국경은 패수(沛水)에서 패수(浿水)로 오히려 서쪽으로 이동했다.

요동외요(遼東外徼)는 진(秦)이 타국(他國)의 점령지에 설치했던 임시 군사 요새(要塞)의 성격을 벗어날 수 없다.

> **학설 12)**
>
> 요동외요(遼東外徼)의 성격은 타국(他國)의 점령지에 설치한 임시 군사 요새(要塞)이다.

5. 진고공지(秦故空地)의 정체

사기(史記) 권110 흉노열전(匈奴列傳)에 의하면

> 悉複收秦所使蒙恬所奪匈奴地者
>
> 진(秦)의 몽염(蒙恬)에게 빼앗겼던 흉노(匈奴)의 땅을 남김없이 모두 되찾았다.

진시황(秦始皇)이 고중국(古中國)을 통일한 후, 사방(四方)으로 이민족(異民族) 정복전쟁을 시작하자 당시 호(胡)라 불린 흉노(匈奴)도 하남(河南)의 영토를 상실했다.

진(秦) 말기(末期), 흉노(匈奴)는 만리장성(萬里長城)을 무력화(無力化)시키면서 옛 영토를 모두 수복했으며, 고조선(古朝鮮) 또한 진요동(秦遼東)까지 옛 영토를 모두 수복했다.

사기(史記) 권115 조선열전(朝鮮列傳)에 의하면

> 秦滅燕 屬遼東外徼 漢興 為其遠難守 複修遼東故塞 至浿水為界
>
> 진(秦)이 연(燕)을 멸(滅)한 후, 요동외요(遼東外徼)에 속(屬)했다.
> 한(漢)이 건국하여 그곳은 멀어서 지키기가 어려워 다시 요동고새(遼東故塞)를 수리하여 패수(浿水)에 이르러 경계를 정했다.

'요동외요(遼東外徼)는 멀리 떨어져 있어 지키기 어렵다'고 기록되어 있다.

반면, '패수(浿水)까지는 멀지 않아 지킬 수 있다'는 기록이다.

사기(史記) 권115 조선열전(朝鮮列傳)에 의하면

> 滿亡命 聚黨千餘人 魋結蠻夷服而東走出塞 渡浿水 居秦故空地上下鄣
>
> 만(滿)이 망명(亡命)했다. 그는 무리 천여 명을 모아 머리에 상투를 하고 만이(蠻夷)
> 의 옷을 입은 후, 동쪽으로 새(塞)를 나가 패수(浿水)를 건너 진고공지(秦故空地)의
> 상하장(上下障)에서 살았다.

사마천(司馬遷)은 요동고새(遼東故塞)에서 멀리 떨어져 있는 요동외요(遼東外徼)와 구분하여 패수(浿水)와 요동외요(遼東外徼) 사이에 위치한 진요동(秦遼東)을 진고공지(秦故空地)라 표현했다.

멀어서 지키기 어려운 곳은 요동외요(遼東外徼)이다.

따라서 '낙랑(樂浪) 땅 서북부 지역에 설치된 요동외요(遼東外徼)는 멀어서 지키기 어렵다'는 명분으로 포기할 수 있다.

반면, 진요동(秦遼東)은 진(秦) 요동군(遼東郡) 속현(屬縣)들이 설치된 진(秦)의 내지(內地)이자 만리장성(萬里長城)이 축성(築城)된 곳으로, 패수(浿水) 동쪽에 접(接)해 있기 때문에 단지 '멀어서 지키기 어렵다'는 명분으로 포기할 수는 없다.

결국 패수(浿水)가 국경이 된 것은 진(秦)을 승계(承繼)한 한(漢)이 진요동(秦遼東) 수복을 포기했기 때문이다.

사마천(司馬遷)은 한(漢)이 고중국(古中國)의 영토를 포기했음을 강조할 수 없었다.

예를 들어, 사마천(司馬遷)은 '만(滿)이 동쪽으로 새(塞)를 나가 패수(浿水)를 건너 진요동(秦遼東)의 상하장(上下障)에서 살았다'고 기록할 수는 없었다.

따라서 사마천(司馬遷)은 진요동(秦遼東)을 간접적으로 표현하는 방법을 선택했다.

진요동(秦遼東)이라는 지명을 대신하여 별칭(別稱)인 진고공지(秦故空地)로 기록한 것이다.

염철론(鹽鐵論) 권7 비호(備胡) 편(篇)에 의하면

> 朝鮮踰徼 刼燕之東地
>
> 조선(朝鮮)이 요(徼)를 넘어 연(燕)의 동쪽 땅을 강탈(强奪)했다.

염철론(鹽鐵論)의 기록대로 고조선(古朝鮮)은 무력으로 고조선(古朝鮮)의 영토를 모두 수복했다.

고조선(古朝鮮)이 수복한 진요동(秦遼東) 땅을 연(燕)의 동쪽 땅으로 기록한 것은 진요동(秦遼東)이 연(燕)과 고조선(古朝鮮) 간(間) 두 번째 완충지대(緩衝地帶)로 연(燕)의 영토가 아니었기 때문이다.

염철론(鹽鐵論)은 학자 한 명의 주관적인 기록이 아니라 한(漢)의 승상(丞相) · 어사대부(御史大夫) 등 관료(官僚)들과 60여 명의 현량(賢良) · 문학(文學)들이 토론한 염철회의(鹽鐵會議)의 기록이다.

염철론(鹽鐵論)보다 앞서 편찬된 고중국(古中國)의 정사서(正史書)는 사기(史記)가 유일(唯一)하다.

따라서 염철론(鹽鐵論)의 기록이 사기(史記)의 기록에 반(反)하는 내용이 아니라면 후대의 기록으로 염철론(鹽鐵論)의 기록을 부정할 수 없다.

패수(浿水)가 동쪽 국경인 연(燕)의 영토 동쪽에는 진(秦)의 영토가 있었으며, 사마천(司馬遷)은 진고공지(秦故空地)라 칭(稱)했지만 그 땅은 진요동(秦遼東)으로 불리는 것이 옳다.

학설 13)
진고공지(秦故空地)는 진요동(秦遼東)의 별칭(別稱)이다.

第6節
가설(假說) 논증 결과

고중국(古中國)과 고조선(古朝鮮) 간(間) 고대(古代) 국경의 변화를 고증(考證)하기 위해 염철론(鹽鐵論)의 기록을 연구하여 가설(假說)을 세우고, 그 가설(假說)을 논증하기 위해 사기(史記)의 기록을 연구하여 다음과 같은 연구 결과를 도출하였다.

1. BC 664년, 산융(山戎) · 이지(離枝) · 고죽(孤竹) 멸망 후, 연(燕)의 동쪽 국경은 요수(遼水)이다.

   요수(遼水)는 고죽국(孤竹國)의 영토 서부 지역에서 흐르는 대하천(大河川)이다.

2. BC 311 ~ BC 279년, 연소왕(燕昭王) 재위기간(在位期間)에 연(燕)이 고조선(古朝鮮)을 침략하여 고조선(古朝鮮)의 종속국인 진번(眞番)이 멸망하면서, 고조선(古朝鮮)의 서쪽 국경은 패수(浿水)에서 패수(沛水)로 후퇴했다.

   패수(浿水)와 패수(沛水) 사이 고조선(古朝鮮)의 영토는 연(燕)과 고조선(古朝鮮) 간(間) 새로운 완충지대(緩衝地帶)가 되었다.

3. BC 226년, 연왕(燕王)이 연(燕)의 영토에서 패수(浿水) 동쪽에 위치한 연(燕)과 고조선(古朝鮮) 간(間) 새로운 완충지대(緩衝地帶)로 도망갔다.

   당시 고조선(古朝鮮)의 서쪽 국경은 여전히 패수(沛水)이다.

4. BC 222년, 진(秦)의 군대가 연왕(燕王)이 도망간 패수(浿水)와 패수(沛水) 사이의 진요동(秦遼東)을 점유하였고, 진(秦)과 고조선(古朝鮮) 간(間) 첫 번째 국경은 패수(沛水)이다.

5. BC 221년, 진(秦)이 고중국(古中國)을 통일한 후, 진요동(秦遼東)에 만리장성(萬里長城)을 축성하여 만리장성(萬里長城) 남쪽은 진(秦)의 내지(內地)가 되었고, 가장 동쪽에 임유현(臨渝縣)이 위치했다.

6. BC 215년 이후, 진(秦)은 패수(沛水)를 넘어 고조선(古朝鮮)을 침략했고, 패수(沛水) 동쪽에 요동외요(遼東外徼)를 설치했다.

요동외요(遼東外徼)의 성격은 타국(他國) 점령지에 설치한 임시 군사 요새(要塞)에 불과하다.

따라서 진(秦)과 고조선(古朝鮮) 간(間) 국경은 여전히 패수(沛水)이다.

7. 진(秦) 말기(末期), 고조선(古朝鮮)은 요동외요(遼東外徼)를 넘어 패수(沛水) 서쪽 진요동(秦遼東)을 수복하였고, 이후 패수(浿水)가 다시 고조선(古朝鮮)의 서쪽 국경이 되었다.

8. 한(漢)과 고조선(古朝鮮) 간(間) 국경은 패수(浿水)이다.

9. 요수(遼水) ➡ 연장성동단(燕長城東端) 양평현(襄平縣)과 요동고새(遼東故塞) ➡ 패수(浿水) ➡ 만리장성동단(萬里長城東端)이 위치한 진고공지(秦故空地) ➡ 패수(沛水) ➡ 요동외요(遼東外徼) ➡ 고조선(古朝鮮) 중심지가 서쪽에서 동쪽 방향으로 위치한다.

참고문헌

사기(史記) 〈사마천(司馬遷)〉

염철론(鹽鐵論) 〈환관(桓寬)〉

설원(說苑) 〈유향(劉向)〉

第3章

동북아고대사정립(東北亞古代史正立)의
입문학설(入門學說)

고중국(古中國)과 고조선(古朝鮮) 간(間) 고대 국경의 변화를 고증(考證)한 논문(論文)을 작성함으로써 13개 학설을 주장할 수 있게 되었다.

  13개 학설을 바탕으로 한서지리지(漢書地理志) · 수경(水經) · 수경주(水經注)의 기록을 연구하여 동북아고대사난제(東北亞古代史難題)의 해법(解法)을 찾아보자.

Part 1 논문(論文)으로 논증한 13개 학설

Part 2 한서지리지(漢書地理志) · 수경(水經) · 수경주(水經注)의 기록 연구

Part 3 동북아고대사난제(東北亞古代史難題)의 해법(解法)을 찾기 위한 가설(假說)

Part 4 동북아고대사난제(東北亞古代史難題)를 풀어 낸 유미학설(柳美學說)

Part 1
논문(論文)으로 논증한 13개 학설

학설 1)

진개(秦開)의 동정(東征) 이전, 연(燕)의 동쪽 국경은 요수(遼水)이다.

학설 2)

진(秦)과 고조선(古朝鮮) 간(間) 국경은 패수(沛水)이다.

학설 3)

요수(遼水)는 고죽국(孤竹國)의 영토 내(內)에서 흐르는 대하천(大河川)이다.

학설 4)

요수(遼水)와 패수(浿水) 사이 고죽국(孤竹國)의 영토는 연(燕)과 고조선(古朝鮮) 간(間)
완충지대(緩衝地帶)였다.

학설 5)

패수(浿水)와 패수(沛水) 사이의 땅은 고조선(古朝鮮)의 종속국인 진번(眞番)의 영토였다.

학설 6)

진개(秦開)의 동정(東征) 이후, 연(燕)은 고죽국(孤竹國)의 영토 내(內)에
연장성동단(燕長城東端) 양평현(襄平縣)을 방어하는 요동고새(遼東故塞)를
축성(築城)하였으며, 연(燕) 요동군(遼東郡)을 설치했다.

학설 7)

진개(秦開)의 동정(東征) 이후, 연(燕)의 동쪽 국경은 패수(浿水)이다.

학설 8)

패수(浿水)와 패수(沛水) 사이 진요동(秦遼東)까지 만리장성(萬里長城)이
축성(築城)되었고, 진요동(秦遼東)에 진(秦) 요동군(遼東郡)이 설치되었다.

[진(秦)의 전성기]

요수(遼水) ➡ 연장성동단(燕長城東端) 양평현(襄平縣)과 요동고새(遼東故塞) ➡

패수(浿水) ➡ 만리장성동단(萬里長城東端)이 위치한 진요동(秦遼東) ➡ 패수(沛水) ➡

요동외요(遼東外徼) ➡ 고조선(古朝鮮) 중심지가 서쪽에서 동쪽 방향으로 위치한다.

학설 10)

[진(秦) 말기(末期)]

요수(遼水) ➡ 연장성동단(燕長城東端) 양평현(襄平縣)과 요동고새(遼東故塞) ➡

패수(浿水) ➡ 고조선(古朝鮮)이 서쪽에서 동쪽 방향으로 위치한다.

학설 11)

한(漢)과 고조선(古朝鮮) 간(間) 국경인 패수(浿水)는 북쪽에서 남쪽으로 흐르는 하천이다.

학설 12)

요동외요(遼東外徼)의 성격은 타국(他國)의 점령지에 설치한 임시 군사 요새(要塞)이다.

학설 13)

진고공지(秦故空地)는 진요동(秦遼東)의 별칭(別稱)이다.

Part 2
한서지리지(漢書地理志) · 수경(水經) · 수경주(水經注) 의 기록 연구

학설 3) 에 의하면 요수(遼水)는 고죽국(孤竹國)의 영토 내(內)에서 흐르는 대하천(大河川)이다.

하지만 한서지리지(漢書地理志), 수경(水經), 수경주(水經注)에 공통적으로 기록된 내용은 다음과 같다.

1. 고죽국(孤竹國)의 영토 내(內)에서 흐르는 대하천(大河川)은 유수(濡水)이다.

   요수(遼水)가 유수(濡水)로 개칭(改稱)되었다.

2. 유수(濡水) 동쪽에 대요수(大遼水)가 위치한다.

   유수(濡水), 즉 요수(遼水)는 대요수(大遼水)와 동일(同一)한 하천이 아닌 것이다.

수경(水經)과 수경주(水經注)에 기록되지 않은 한서지리지(漢書地理志)의 내용은 다음과 같다.

1. 한(漢)은 고조선(古朝鮮)을 멸망시킨 후, 낙랑(樂浪) 땅 서북부 지역에 한(漢) 요동군(遼東郡) 속현(屬縣)들을 설치했다.

2. 한(漢)은 낙랑(樂浪) 땅 북부 지역의 서쪽 경계였던 패수(沛水)를 대요수(大遼水)로 개칭(改稱)했다.

요수(遼水)가 유수(濡水)로 개칭(改稱)된 이유는 한(漢)이 요수(遼水) 동쪽에 요서군(遼西郡) 속현(屬縣)들을 설치하면서 요서군(遼西郡)에서 흐르는 하천이 되었기 때문이다.

요수(遼水)라는 하천명(河川名)은 요서군(遼西郡)이라는 행정명(行政名)을 사용하는 지역에 적합하지 않은 하천명(河川名)이다.

에 의하면 패수(浿水)는 요수(遼水)와 패수(沛水) 사이에 위치하는데, 하천명(河川名)의 개칭(改稱)으로 패수(浿水)는 유수(濡水)와 대요수(大遼水) 사이에 위치하게 되었다.

지금까지의 논리 전개가 옳다면 '패수(浿水)는 대요수(大遼水) 동쪽이 아니라 서쪽에 위치한다'는 것인데, 동북아고대사(東北亞古代史)에 엄청난 지각변동을 일으킬 명제이다.

한중일학계(韓中日學界)의 통설(通說)은 '패수(浿水)는 대요수(大遼水) 동쪽에 위치한다'는 이론체계를 기반으로 만들어졌기 때문이다.

또한 지금까지 패수(浿水)의 위치를 현(現) 요하(遼河) 서쪽에 비정(比定)했던 주장들도 '패수(浿水)는 대요수(大遼水) 서쪽에 위치한다'는 전제에서 비정(比定)한 것이 아니기 때문에 함께 논파(論破)당하는 것이다.

요약하면 지금까지 존재했던 패수(浿水)의 위치에 관한 주장은 모두 역사적 사실이 아니다.

한서지리지(漢書地理志) 낙랑군(樂浪郡) 편(篇)에 기록된 패수(浿水)는 대요수(大遼水) 동쪽 낙랑(樂浪) 땅 남부 지역에서 흐르는 하천으로 한(漢)과 고조선(古朝鮮) 간(間) 국경인 패수(浿水)와 동일(同一)한 하천이 아니다.

게다가 수경(水經)에 기록된 패수(浿水)는 후한낙랑군(後漢樂浪郡)의 영토에서 흐르는 하천으로 전한낙랑군패수(前漢樂浪郡浿水)와 동일(同一)한 하천이 아니다.

이하, 한서지리지(漢書地理志)에 기록된 패수(浿水)는 전한낙랑군(前漢樂浪郡) 패수(浿水)라 칭(稱)하고, 수경(水經)에 기록된 패수(浿水)는 후한낙랑군(後漢樂浪郡) 패수(浿水)라 칭(稱)한다.

후한낙랑군(後漢樂浪郡)은 전한낙랑군(前漢樂浪郡) 동쪽에 위치하며, 후한낙랑군패수(後漢樂浪郡浿水) 또한 전한낙랑군패수(前漢樂浪郡浿水) 동쪽에 위치한다.

Part 3
동북아고대사난제(東北亞古代史難題)의
해법(解法)을 찾기 위한 가설(假說)

논문(論文)으로 논증한 13개 학설을 바탕으로 한서지리지(漢書地理志)·수경(水經)·
수경주(水經注)의 기록을 연구한 결과 다음과 같은 가설(假說)을 세울 수 있었다.

학설 14)

요수(遼水)는 유수(濡水)로 개칭(改稱)되었다.

학설 15)

요수(遼水)는 대요수(大遼水)와 동일(同一)한 하천이 아니다.

학설 16)

한(漢)은 고조선(古朝鮮)을 멸망시킨 후, 낙랑(樂浪) 땅 북부 지역에 한(漢) 요동군(遼東郡)
속현(屬縣)들을 설치했다.

학설 17)

한(漢)은 낙랑(樂浪) 땅 북부 지역의 서쪽 경계였던 패수(沛水)를 대요수(大遼水)로
개칭(改稱)했다.

학설 18)

하천명(河川名)의 개칭(改稱)으로 요수(遼水)와 패수(沛水) 사이에 위치했던 패수(浿水)가
유수(濡水)와 대요수(大遼水) 사이에 위치한다.

학설 19)

한서지리지(漢書地理志) 낙랑군(樂浪郡) 편(篇)에 기록된 패수(浿水)는 대요수(大遼水)
동쪽 낙랑(樂浪) 땅 남부 지역에서 흐르는 하천으로 한(漢)과 고조선(古朝鮮) 간(間) 국경인
패수(浿水)와 동일(同一)한 하천이 아니다.

수경(水經)에 기록된 패수(浿水)는 후한낙랑군(後漢樂浪郡)의 영토에서 흐르는 하천으로
전한낙랑군패수(前漢樂浪郡浿水)와 동일(同一)한 하천이 아니다.

학설 21)

후한낙랑군(後漢樂浪郡)은 전한낙랑군(前漢樂浪郡) 동쪽에 위치한다.
따라서 후한낙랑군패수(後漢樂浪郡浿水) 또한 전한낙랑군패수(前漢樂浪郡浿水) 동쪽에
위치한다.

학설 22)

요수(遼水)에서 개칭(改稱)된 유수(濡水) ➡ 패수(浿水) ➡ 패수(沛水)에서
개칭(改稱)된 대요수(大遼水) ➡ 전한낙랑군패수(前漢樂浪郡浿水) ➡
후한낙랑군패수(後漢樂浪郡浿水)가 서쪽에서 동쪽 방향으로 위치한다.

　학설 14)에서 학설 21)까지 논증되면 요수(遼水)에서 개칭(改稱)된 유수(濡水) ➡ 패
수(浿水) ➡ 패수(沛水)에서 개칭(改稱)된 대요수(大遼水) ➡ 전한낙랑군패수(前漢樂浪郡
浿水) ➡ 후한낙랑군패수(後漢樂浪郡浿水)가 서쪽에서 동쪽 방향으로 위치한다는 학설
22)는 자동적으로 논증된다.

　정사서(正史書)의 1차 사료(史料)가 제시한 기본적인 이론체계의 중요성은 아무리
강조해도 지나치지 않다.

　'패수(浿水)는 대요수(大遼水) 동쪽에 위치한다'는 이론체계는 하루빨리 '패수(浿水)
는 대요수(大遼水) 서쪽에 위치한다'는 이론체계로 바뀌어야 한다.

학설 22)를 이하 동북아고대사정립(東北亞古代史正立)의 입문학설(入門學說)이라
칭(稱)하고, 약칭(略稱)으로는 유미학설(柳美學說)이라 칭(稱)하며, 영어로는 YUMI
THEORY라 칭(稱)한다.

패수(浿水)에 관한 소고(小考)

패수(浿水)는 고중국(古中國)과 고조선(古朝鮮) 간(間) 최초의 국경이지만, 요수(遼水)나 패수(沛水)처럼 대하천(大河川)은 아니다.

요수(遼水) 유역의 [고대 중국] 문화권과 패수(沛水) 유역의 [고대 한국] 문화권이 패수(浿水)를 경계로 구분되어 있었으며, 고대국가가 건국되면서 패수(浿水)는 자연스럽게 국경이 되었다.

패수(浿水) 서쪽에는 황하문명(黃河文明)이 일어났고, 패수(浿水) 동쪽에는 요하문명(遼河文明)이 일어났다.

패수(浿水) 서쪽은 동이족(東夷族)이 하족(夏族)을 품으면서 화하족(華夏族)이 형성되는 통일 과정을 거쳤음을 사기(史記)를 통해 알 수 있다.

반면, 패수(浿水) 동쪽은 어떠한 통일 과정을 거쳤는지 사료(史料)의 부족으로 알기 어렵다.

이를 악용해 환단고기(桓檀古記)와 같은 위서(僞書) 및 근거 없는 주장을 앞세워 혹세무민(惑世誣民)하는 자들이 출현했는데 안타까울 따름이다.

고조선(古朝鮮) 멸망 후, 패수(浿水)는 한요동(漢遼東) 서쪽에 위치했다.

고조선(古朝鮮)의 영토 내(內)에 한(漢) 요동군(遼東郡)이 설치된 것이다.

요수(遼水)는 고중국(古中國)의 하천명(河川名)이지만 패수(浿水)는 고조선(古朝鮮)의 하천명(河川名)이기 때문에 고중국(古中國)이 패수(浿水)에 관한 기록을 남길 이유가 없다.

고조선(古朝鮮) 멸망 후, 패수(浿水)는 잊혀졌으며, 기록이 거의 남아있지 않다.

한(漢)과 고조선(古朝鮮) 간(間) 국경인 패수(浿水)에 관한 것이라고 믿고 있는 기록은 거의 대부분 같은 하천명(河川名)을 가진 다른 하천에 관한 것이다.

요수(遼水)는 유수(濡水)로 개칭(改稱)되었다.

염철론(鹽鐵論) 권9 험고(險固) 편(篇)에 의하면

燕塞碣石 絶邪谷 繞援遼
연(燕)은 갈석(碣石)으로 막혀 있고, 사곡(邪谷)으로 단절(斷絶)되어 있으며,
요수(遼水)로 둘러 쌓여있다.

사마정(司馬貞)의 저서인 사기색은(史記索隱)에 의하면

옛 유관(楡關)은 번융(蕃戎)을 제(制)하여 요해(要害)에 웅거(雄據)해 있는 형세(形勢)가
실로 유주(幽州)와 평주(平州) 사이의 천험(天險)이라 할 수 있다.

사기(史記) 권7 항우본기(項羽本紀)에 의하면

항우(項羽)는 장도(臧荼)를 연국(燕國)의 연왕(燕王)으로 봉(封)하여 계(薊)에
도읍하게 했고, 본래 연국(燕國)의 연왕(燕王)이었던 한광(韓廣)을 요동국(遼東國)의
요동왕(遼東王)으로 봉(封)하여 무종(無終)에 도읍하게 했다.
장도(臧荼)가 한광(韓廣)을 요동(遼東)으로 쫓아내려고 했으나 말을 듣지 않자
무종(無終)에서 한광(韓廣)을 격살(擊殺)하고 그 땅을 병탄(幷呑)하여 통치했다.

수경주(水經注) 유수(濡水) 편(篇)에 의하면

晉書地道志曰 遼西人見遼水有浮棺 欲破之 語曰 我孤竹君也 汝破我何為
因為立祠焉 祠在山上 城在山側 肥如縣南十二里 水之會也
진서지도지(晉書地道志)에 의하면 요서인(遼西人)이 요수(遼水)에 관(棺)이 떠 있는
것을 보고 그것을 파괴하려고 했는데 "나는 고죽군(孤竹君)이다. 네가 어떻게 나를
깨뜨릴수 있는가?"라는 소리가 들려 사당(祠)을 지어줬는데 사당(祠)은 산 위에 있고
성(城)은 산 옆 비여현(肥如縣) 남쪽 12리(里) 지점으로 물이 모이는 곳이다.

진서지리지(晉書地理志) 유주(幽州) 편(篇)에 의하면

진(晉) 유주(幽州) 요서군(遼西郡) 속현(屬縣)은 한(漢) 요서군(遼西郡) 서부 지역에
위치한 비여현(肥如縣)·해양현(海陽縣)·양락현(陽樂縣)이다.

1) 요수(遼水) 서쪽에 갈석(碣石)으로 막혀 있고 사곡(邪谷)으로 단절(斷絶)된 자연방어선(自然防禦線)이 있다.

당(唐) 현종(玄宗) 시기의 학자인 사마정(司馬貞)은 사기색은(史記索隱)에 요수(遼水) 서쪽 자연방어선(自然防禦線)의 관문인 유관(楡關)을 유주(幽州)와 평주(平州) 사이의 천험(天險)이라고 기록했다.

당(唐)의 유주(幽州)와 평주(平州) 경계에 옛 유관(楡關)이 있고, 당(唐) 평주(平州) 서부 지역에 요수(遼水)가 흐르고 있는 것이다.

당(唐) 평주(平州) 서부 지역에서 흐르는 대하천(大河川)은 유수(濡水)이다.

요수(遼水)가 유수(濡水)로 개칭(改稱)된 것이다.

2) 장도(臧荼)는 요동국(遼東國)의 도읍 무종(無終)에 있는 한광(韓廣)을 요수(遼水) 동쪽 연요동(燕遼東)으로 쫓아내려고 했고, 말을 듣지 않자 무종(無終)에서 한광(韓廣)을 격살(擊殺)했다.

한서지리지(漢書地理志)에 의하면 무종(無終)은 우북평군(右北平郡)에 속해 있으며, 우북평군(右北平郡) 동쪽에 요서군(遼西郡)이 접(接)해 있는데 요서군(遼西郡)에서 흐르는 유일(唯一)한 대하천(大河川)은 유수(濡水)이다.

3) 진(晉) 시기, 요서인(遼西人)이 요수(遼水)에 관(棺)이 떠 있는 것을 보고 사당(祠)을 지어줬는데, 사당(祠)이 위치한 곳은 비여현(肥如縣)이다.

진(晉) 요서군(遼西郡) 속현(屬縣)들은 모두 유수(濡水) 유역에 위치했다.

따라서 관(棺)을 발견한 요서인(遼西人)은 유수(濡水) 유역에 사는 사람이며, 사당(祠)이 위치한 비여현(肥如縣)의 대하천(大河川)은 유수(濡水)이다.

진(晉) 시기, 유수(濡水) 일대에 살던 요서인(遼西人)들은 유수(濡水)를 옛 하천명(河川名)인 요수(遼水)로 칭(稱)했음을 알 수 있다.

요수(遼水)는 대요수(大遼水)와 동일(同一)한 하천이 아니다.

사기(史記) 권34 연소공세가(燕召公世家)에 의하면

秦攻拔我薊 燕王亡 徙居遼東
진(秦)이 공격하여 계(薊)를 점령했다. 연왕(燕王)이 도망(逃亡)갔는데
요동(遼東)을 차지했다.

같은 사건을 기록한 사기(史記) 권6 진시황본기(秦始皇本紀)에 의하면

取燕薊城 燕王東收遼東而王之
연(燕)의 계성(薊城)을 점령했다.
연왕(燕王)이 동쪽으로 요동(遼東)을 빼앗고 왕(王)이 되었다.

사기(史記) 권6 진시황본기(秦始皇本紀)에 의하면

전국칠웅(戰國七雄) 중 제(齊)만 영토를 보존하고 있었던 BC 222년, 진(秦)은
요동(遼東)으로 군대를 보내 연왕(燕王) 희(喜)를 사로잡았다.

사기(史記) 권115 조선열전(朝鮮列傳)에 의하면

滿亡命 聚黨千餘人 魋結蠻夷服而東走出塞 渡浿水 居秦故空地上下鄣
만(滿)이 망명(亡命)했다. 그는 무리 천여 명을 모아 머리에 상투를 하고 만이(蠻夷)
의 옷을 입은 후, 동쪽으로 새(塞)를 나가 패수(浿水)를 건너 진고공지(秦故空地)의
상하장(上下鄣)에서 살았다.

수경(水經) 유수(濡水) 편(篇)에 의하면

濡水從塞外來 東南過遼西令支縣北 又東南過海陽縣 西南入于海
유수(濡水)는 새(塞) 밖에서 들어와 동남쪽으로 흘러 요서군(遼西郡) 영지현(令支縣)의
북쪽을 지난다.
또한 동남쪽으로 흘러 해양현(海陽縣)을 지나고 서남쪽으로 흘러 입해(入海)한다.

1) 진(秦)의 공격으로 연왕(燕王)이 동쪽으로 도망간 요동(遼東)은 연(燕) 진개(秦開)의 동정(東征) 이후, 연(燕)과 고조선(古朝鮮) 간(間) 완충지대(緩衝地帶)였던 패수(浿水) 동쪽 진요동(秦遼東)이다.

BC 222년, 진(秦)은 군대를 보내 연왕(燕王) 희(喜)를 사로잡았으며, 진요동(秦遼東)을 진(秦)의 영토로 편입시켜, 요수(遼水)가 흐르는 연장성(燕長城) 동단(東端) 양평현(襄平縣)에서 동쪽으로 진요동(秦遼東) 임유현(臨渝縣)까지 만리장성(萬里長城)을 축성(築城)했다.

따라서 만리장성동단(萬里長城東端) 임유현(臨渝縣)은 반드시 요수(遼水) 동쪽에 위치해야 한다.

2) 만(滿) 또한 요동고새(遼東故塞)의 동쪽 관문인 유림관(楡林關)을 나와 패수(浿水)를 건너 진고공지(秦故空地)의 상하장(上下障)에서 살았는데, 진고공지(秦故空地)는 진요동(秦遼東)을 지칭(指稱)한다.

고조선(古朝鮮) 멸망 후, 만(滿)의 첫 번째 도읍인 험독(險瀆)에는 한(漢) 요동군(遼東郡) 험독현(險瀆縣)이 설치되었다.

진고공지(秦故空地)에 위치한 험독현(險瀆縣)은 반드시 요수(遼水) 동쪽에 위치해야 한다.

3) 한서지리지(漢書地理志) · 수경(水經) · 수경주(水經注)에 의하면 대요수(大遼水)는 임유현(臨渝縣)과 험독현(險瀆縣)의 동쪽에 위치한다.

대요수(大遼水)는 새로운 요동(遼東)을 가로지르는 대하천(大河川)으로 임유현(臨渝縣)과 험독현(險瀆縣) 서쪽에 위치해야 하는 요수(遼水)와 동일(同一)한 하천이 아닌 것이다.

요수(遼水)가 흐르는 연요동(燕遼東)에서 연장성(燕長城) 동단(東端) 양평현(襄平縣)은 사라졌으며, 그 자리에 한(漢) 요서군(遼西郡)의 속현(屬縣)인 영지현(令支縣) · 해양현(海陽縣) 등이 설치되었다.

한(漢)은 고조선(古朝鮮)을 멸망시킨 후, 낙랑(樂浪) 땅 북부 지역에

한(漢) 요동군(遼東郡) 속현(屬縣)들을 설치했다.

한서지리지(漢書地理志) 요서군(遼西郡) 편(篇)에 의하면

縣十四 且慮 有高廟 莽曰鉏慮 海陽 龍鮮水東入封大水 封大水 緩虛水 皆南入海
有鹽官 新安平 夷水東入塞外 柳城 馬首山在西南 參柳水北入海 西部都尉治
令支 有孤竹城 莽曰令氏亭 肥如 玄水東入濡水 濡水南入海陽 又有盧水南入玄
莽曰肥而 賓從 莽曰勉武 交黎 渝水首受塞外 南入海 東部都尉治 莽曰禽虜 陽樂
狐蘇 唐就水至徒河入海 徒河 莽曰河福 文成 莽曰言虜 臨渝 渝水首受白狼
東入塞外 又有侯水 北入渝 莽曰馮德 絫 下官水南入海 又有揭石水 賓水
皆南入官 莽曰選武

현(縣)은 14개이다. 차려현(且慮縣) <고묘(高廟)가 있다. 망(莽)은 서려(鉏慮)라고
했다>, 해양현(海陽縣) <용선수(龍鮮水)가 동쪽으로 흘러 봉대수(封大水)로 들어간다.
봉대수(封大水)와 완허수(緩虛水)는 모두 남쪽으로 흘러 입해(入海)한다. 염관(鹽官)이
있다>, 신안평(新安平) <이수(夷水)가 동쪽으로 흘러 새외(塞外)로 나간다>,
유성현(柳城縣) <마수산(馬首山)이 서남에 있다. 참류수(參柳水)가 북쪽으로 흘러
입해(入海)한다. 서부도위(西部都尉)가 다스린다>, 영지현(令支縣) <고죽성(孤竹城)이
있다. 망(莽)은 영씨정(令氏亭)이라 했다>, 비여현(肥如縣) <현수(玄水)가 동쪽으로
흘러 유수(濡水)로 들어간다. 유수(濡水)는 남쪽으로 흘러 해양현(海陽縣)으로
들어간다. 또한 로수(盧水)가 있어 남쪽으로 흘러 현수(玄水)로 들어간다.
망(莽)은 비이(肥而)라고 했다>, 빈종현(賓從縣) <망(莽)은 면무(勉武)라고 했다>,
교려현(交黎縣) <유수(渝水)가 새외(塞外)에서 들어와 남쪽으로 흘러 입해(入海)한다.
동부도위(東部都尉)가 다스린다. 망(莽)은 금로(禽虜)라고 했다>, 양락현(陽樂縣),
호소현(狐蘇縣) <당취수(唐就水)가 도하현(徒河縣)에 이르러 입해(入海)한다>,
도하현(徒河縣) <망(莽)은 하복(河福)이라 했다>, 문성현(文成縣) <망(莽)은
언로(言虜)라고 했다>, 임유현(臨渝縣) <유수(渝水)가 백랑수(白狼水)에서 시작하여
동쪽으로 흘러 새외(塞外)로 나간다. 또한 후수(侯水)가 북쪽으로 흘러 유수(渝水)로
들어간다. 망(莽)은 풍덕(馮德)이라 했다>, 류현(絫縣) <하관수(下官水)는 남쪽으로
흘러 입해(入海)한다. 또한 갈석수(揭石水)와 빈수(賓水)가 있는데 모두 남쪽으로
관수(官水)로 들어간다. 망(莽)은 선무(選武)라고 했다>이 있다.

1) 고중국(古中國) 최초의 요동(遼東)인 유수(濡水) 일대의 연요동(燕遼東)과 연요동(燕遼東) 동쪽에 위치한 진요동(秦遼東)에는 한(漢) 요서군(遼西郡) 속현(屬縣)들이 설치되었다.

2) 14개 현(縣) 중 해양현(海陽縣)·영지현(令支縣)·비여현(肥如縣)·류현(絫縣)은 패수(浿水) 서쪽 연요동(燕遼東)에 설치되었고, 나머지 10개 현(縣)은 패수(浿水) 동쪽 진요동(秦遼東)에 설치되었다.

참고로 대요수(大遼水) 서쪽 진요동(秦遼東)에 험독현(險瀆縣) 등 일부 현(縣)은 한(漢) 요동군(遼東郡) 속현(屬縣)으로 설치되었다.

3) 만리장성동단(萬里長城東端)이 위치한 임유현(臨渝縣)으로 인해 진요동(秦遼東)에 한(漢) 요서군(遼西郡) 속현(屬縣)들이 설치되었음을 알 수 있다.

만리장성동단(萬里長城東端)으로 인해 진요동(秦遼東) 동쪽 경계인 대요수(大遼水) 동쪽은 낙랑(樂浪) 땅임을 알 수 있다.

4) 진요동(秦遼東) 동쪽 경계가 대요수(大遼水)임은 유성현(柳城縣)의 위치를 통해서도 확인할 수 있다.

유성현(柳城縣)은 대요수(大遼水) 서쪽에 위치하며, 수(隋) 요서군(遼西郡)을 승계(承繼)한 당(唐) 영주(營州)에 속했고, 수(隋)·당(唐)의 고구려(高句驪) 침략 시 전진기지(前進基地) 역할을 했던 곳이다.

5) 진(秦) 요동군(遼東郡)이 설치되었던 진요동(秦遼東)과 진(秦) 요동외요(遼東外徼)가 설치되었던 낙랑(樂浪) 땅 서북부 지역을 진(秦)의 영토, 즉 고중국(古中國)의 영토라고 여긴 한(漢)이 고조선(古朝鮮)의 영토에 고중국(古中國)의 전통적인 군(郡)인 요서군(遼西郡)과 요동군(遼東郡)을 설치한 것이다.

6) 대요수(大遼水)는 남쪽으로 흘러 낙랑서해(樂浪西海)로 입해(入海)하고, 한(漢)이 설치한 전한낙랑군(前漢樂浪郡)은 낙랑서해(樂浪西海) 동쪽에 접(接)해 있다.

한(漢)은 낙랑(樂浪) 땅 북부 지역의 서쪽 경계였던 패수(浿水)를 대요수(大遼水)로
개칭(改稱)했다.

염철론(鹽鐵論) 권8 벌공(伐攻) 편(篇)에 의하면

燕襲走東胡僻地千里 度遼東而攻朝鮮
연(燕)이 동호(東胡)를 습격하여 천리(千里)를 물러나게 하였고,
요동(遼東)을 지나 조선(朝鮮)을 공격했다.

사기(史記) 권115 조선열전(朝鮮列傳)에 의하면

自始全燕時 嘗略屬眞番朝鮮
연(燕)은 전성기에 진번조선(眞番朝鮮)을 약취(略取)하여 지배하에 두었다.

염철론(鹽鐵論) 권8 주진(誅秦) 편(篇)에 의하면

秦旣幷天下 東絶沛水 幷滅朝鮮 南取陸梁 北卻胡狄 西略氐羌 立帝號 朝四夷
진(秦)이 천하(天下)를 병탄(幷呑)한 후, 동쪽으로 패수(沛水)를 건너 조선(朝鮮)을
멸(滅)하여 병탄(幷呑)하고, 남쪽으로 육량(陸梁)을 취했으며, 북쪽으로 호(胡)와
적(狄)을 물러나게 하고, 서쪽으로 저(氐)와 강(羌)을 약취(略取)했다.
그리고 황제(皇帝)가 되어 사방의 오랑캐가 배알(拜謁)하게 했다.

염철론(鹽鐵論) 권7 비호(備胡) 편(篇)에 의하면

朝鮮踰徼 刦燕之東地
조선(朝鮮)이 요(徼)를 넘어 연(燕)의 동쪽 땅을 강탈(强奪)했다.

사기(史記) 권115 조선열전(朝鮮列傳)에 의하면

秦滅燕 屬遼東外徼 漢興 爲其遠難守 複修遼東故塞 至浿水爲界
진(秦)이 연(燕)을 멸(滅)한 후, 요동외요(遼東外徼)에 속(屬)했다.
한(漢)이 건국하여 그곳은 멀어서 지키기가 어려워 다시 요동고새(遼東故塞)를
수리하여 패수(浿水)에 이르러 경계를 정했다.

1) 연소왕(燕昭王) 시기, 연(燕)은 완충지대(緩衝地帶)였던 연요동(燕遼東)을 지나 패수(浿水) 동쪽 고조선(古朝鮮)을 침략했다.

   연(燕)이 전쟁에서 승리하였으며, 고조선(古朝鮮)은 패수(浿水)와 패수(沛水) 사이 진요동(秦遼東)을 상실했다.

2) 사마천(司馬遷)의 필법(筆法)에는 종속국의 명칭과 리더국의 국명을 연칭(連稱)하는 경우가 있다.

   진요동(秦遼東)은 고조선(古朝鮮)의 종속국인 진번(眞番)의 영토였으며, 진개(秦開)의 동정(東征)으로 진번(眞番)이 멸망했다.

3) 진(秦)이 연왕(燕王) 희(喜)를 사로잡고 진요동(秦遼東)을 점유한 이후, 진(秦)과 고조선(古朝鮮) 간(間) 국경은 패수(沛水)이다.

   진(秦)은 패수(沛水)를 넘어 낙랑(樂浪) 땅 서북부 지역을 병탄(竝呑)하였으며, 병탄(竝呑)한 땅에 요동외요(遼東外徼)를 설치했다.

4) 진(秦) 말기(末期), 고조선(古朝鮮)은 요동외요(遼東外徼)가 설치된 낙랑(樂浪) 땅 서북부 지역은 물론 패수(沛水) 서쪽 진요동(秦遼東)마저 수복했고, 이후 패수(浿水)는 다시 고중국(古中國)과 고조선(古朝鮮) 간(間) 국경이 되었다.

5) 한(漢)은 진요동(秦遼東) 땅과 진(秦) 요동외요(遼東外徼)가 설치되었던 낙랑(樂浪) 땅 서북부 지역을 고중국(古中國)의 영토로 여기고 그에 상응하여 행정구역(行政區域)을 조정했다.

   그 결과, 패수(沛水) 동쪽 낙랑(樂浪) 땅 서북부 지역은 한(漢) 요동군(遼東郡)의 영토가 되었고, 한(漢)은 낙랑(樂浪) 땅 북부 지역의 서쪽 경계인 패수(沛水)를 대요수(大遼水)로 개칭(改稱)했다.

   [고조선 패수(浿水)] 서쪽에 위치한 요수(遼水)가 유수(濡水)로 개칭(改稱)된 후, [고조선 패수(浿水)] 동쪽에 위치한 패수(沛水)에서 개칭(改稱)된 대요수(大遼水)는 약칭(略稱)인 요수(遼水)로 불리었다.

하천명(河川名)의 개칭(改稱)으로 요수(遼水)와 패수(沛水) 사이에 위치했던

패수(浿水)가 유수(濡水)와 대요수(大遼水) 사이에 위치한다.

한서지리지(漢書地理志) 요동군(遼東郡) 편(篇)에 의하면

遼東郡 秦置 屬幽州 戶五萬五千九百七十二 口二十七萬二千五百三十九

縣十八 襄平 有牧師官 莽曰昌平 新昌 無慮 西部都尉治 望平 大遼水出塞外

南至安市 入海 行千二百五十里 莽曰長說 房 候城 中部都尉治 遼隊 莽曰順睦

遼陽 大梁水西南至遼陽 入遼 莽曰遼陰 險瀆 居就 室偽山 室偽水所出 北至襄平

入梁也 高顯 安市 武次 東部都尉治 莽曰桓次 平郭 有鐵官鹽官 西安平

莽曰北安平 文 莽曰文亭 番汗 沛水出塞外 西南入海 沓氏

요동군(遼東郡), 진(秦)이 설치했다. 유주(幽州)에 속하며, 호(戶)는 55,972이고

구(口)는 272,539이다. 현(縣)은 18개이다.

양평현(襄平縣) <목사관(牧師官)이 있다. 망(莽)은 창평(昌平)이라 했다>,

신창현(新昌縣), 무려현(無慮縣) <서부도위(西部都尉)가 다스린다>, 망평현(望平縣)

<대요수(大遼水)가 새외(塞外)에서 들어와 남쪽으로 흘러 안시현(安市縣)에

이르러 입해(入海)한다. 1,250리를 흐른다. 망(莽)은 장설(長說)이라 했다>,

방현(房縣), 후성현(候城縣) <중부도위(中部都尉)가 다스린다>, 요대현(遼隊縣)

<망(莽)은 순목(順睦)이라 했다>, 요양현(遼陽縣) <대량수(大梁水)가 서남으로

흘러 요양현(遼陽縣)에 이르러 요수(遼水)로 들어간다. 망(莽)은 요음(遼陰)이라

했다>, 험독현(險瀆縣), 거취현(居就縣) <실위산(室偽山)은 실위수(室偽水)가

나오는 곳이다. 북(北)으로 흘러 양평현(襄平縣)에 이르러 량수(梁水)로 들어간다>.

고현현(高顯縣), 안시현(安市縣), 무차현(武次縣) <동부도위(東部都尉)가 다스린다.

망(莽)은 환차(桓次)라 했다>, 평곽현(平郭縣) <철관(鐵官)과 염관(鹽官)이 있다>,

서안평현(西安平縣) <망(莽)은 북안평(北安平)이라 했다>, 문현(文縣) <망(莽)은

문정(文亭)이라 했다>, 번한현(番汗縣) <패수(沛水)가 새(塞) 밖에서 들어와 서남쪽으로

흘러 입해(入海)한다>, 답씨현(沓氏縣)이 있다.

1) 한(漢) 요동군(遼東郡) 양평현(襄平縣)이 연장성동단(燕長城東端) 양평현(襄平縣)과 동일(同一)한 위치라면

   A. 한(漢) 요동군(遼東郡) 양평현(襄平縣) 동쪽 인접(隣接)한 곳에 패수(浿水)가 위치해야 한다.

   하지만 한서지리지(漢書地理志) 요동군(遼東郡) 편(篇)에는 패수(浿水)에 대한 기록이 없다.

   B. 대요수(大遼水) 동쪽에 위치한 패수(浿水) 동쪽에 진고공지(秦故空地)의 상하장(上下障), 즉 만(滿)의 첫 번째 도읍인 험독현(險瀆縣)이 위치해야 한다.

   하지만 험독현(險瀆縣)은 한(漢) 요동군(遼東郡) 양평현(襄平縣) 서쪽에서 흐르는 대요수(大遼水) 서쪽에 위치한다.

   C. 대요수(大遼水) 동쪽 멀리 떨어진 곳에 만리장성동단(萬里長城東端) 임유현(臨渝縣)이 위치해야 한다.

   하지만 임유현(臨渝縣)은 한(漢) 요동군(遼東郡)이 아닌 한(漢) 요서군(遼西郡) 속현(屬縣)으로 대요수(大遼水) 서쪽에 위치한다.

   한(漢) 요동군(遼東郡) 양평현(襄平縣)과 연장성동단(燕長城東端) 양평현(襄平縣)은 행정명(行政名)만 같을 뿐 동일(同一)한 위치가 아니라는 사실을 알 수 있다.

2) 임유현(臨渝縣)과 험독현(險瀆縣)이 위치한 대요수(大遼水) 서쪽 지역이 진요동(秦遼東)이자 진고공지(秦故空地)이다.

   따라서 진고공지(秦故空地) 서쪽 경계인 패수(浿水)는 대요수(大遼水) 서쪽에 위치해야 한다.

   패수(浿水)는 유수(濡水) 동쪽에 위치한 연장성동단(燕長城東端) 양평현(襄平縣) 동쪽에 위치해야 하므로 유수(濡水) ➡ 패수(浿水) ➡ 대요수(大遼水)가 서쪽에서 동쪽 방향으로 위치한다.

한서지리지(漢書地理志) 낙랑군(樂浪郡) 편(篇)에 기록된 패수(浿水)는
대요수(大遼水) 동쪽 낙랑(樂浪) 땅 남부 지역에서 흐르는 하천으로 한(漢)과
고조선(古朝鮮) 간(間) 국경인 패수(浿水)와 동일(同一)한 하천이 아니다.

한서지리지(漢書地理志)에 수록된 험독현(險瀆縣)에 관한 주석에 의하면

應劭曰 朝鮮王滿都也 依水險 故曰險瀆 臣瓚曰 王險城在樂浪郡浿水之東
응소(應劭)가 말하기를 조선(朝鮮)의 왕(王) 만(滿)의 도읍이다.
수(水)가 험한 것에 의지했기 때문에 험독(險瀆)이라 했다.
신찬(臣瓚)이 말하기를 왕험성(王險城)은 낙랑군(樂浪郡) 패수(浿水) 동쪽에 있다.

사기(史記) 권115 조선열전(朝鮮列傳)에 의하면

滿亡命 東走出塞 渡浿水 居秦故空地上下鄣
稍役屬眞番朝鮮蠻夷及故燕齊亡命者王之 都王險
만(滿)이 망명(亡命)했다. 동쪽으로 가서 새(塞)를 나갔고 패수(浿水)를 건너
진고공지(秦故空地)의 상하장(上下鄣)에 거주했다.
여기에서 차츰 진번조선(眞番朝鮮)의 만이(蠻夷)와 옛 연(燕)과 제(齊)의
망명자(亡命者)들의 왕(王)이 되었으며, 도읍은 왕험(王險)이다.

한서지리지(漢書地理志) 낙랑군(樂浪郡) 편(篇)에 의하면

樂浪郡 縣二十五 朝鮮 訷邯 浿水 水西至增地入海 含資 帶水西至帶方 入海
黏蟬 遂成 增地 帶方 駟望 海冥 列口 長岑 屯有 昭明 鏤方 提奚 渾彌 吞列 分黎山
列水所出 西至黏蟬 入海 行八百二十里 東暆 不而 蠶台 華麗 邪頭昧 前莫 夫租
낙랑군(樂浪郡), 현(縣)은 25개이다. 조선현(朝鮮縣), 염감현(訷邯縣), 패수현(浿水縣)
<수(水)가 서(西)로 흘러 증지현(增地縣)에 이르러 입해(入海)한다>, 함자현(含資縣)
<대수(帶水)가 서(西)로 흘러 대방현(帶方縣)에 이르러 입해(入海)한다>,
점선현(黏蟬縣), 수성현(遂成縣), 증지현(增地縣), 대방현(帶方縣), 사망현(駟望縣),
해명현(海冥縣), 열구현(列口縣), 장잠현(長岑縣), 둔유현(屯有縣), 소명현(昭明縣),
누방현(鏤方縣), 제해현(提奚縣), 혼미현(渾彌縣), 탄열현(吞列縣) <분려산(分黎山)에서
열수(列水)가 나와 서(西)로 흘러 점선현(黏蟬縣)에 이르러 입해(入海)한다. 820리를
흐른다>, 동이현(東暆縣), 부이현(不而縣), 잠태현(蠶台縣), 화려현(華麗縣),
사두매현(邪頭昧縣), 전막현(前莫縣), 부조현(夫租縣)이 있다.

1) 응소(應劭)의 주석에 의하면 만(滿)의 도읍은 험독현(險瀆縣)이다.

한편, 신찬(臣瓚)의 주석에 의하면 만(滿)의 도읍은 낙랑군(樂浪郡) 패수(浿水) 동쪽 왕험성(王險城)이다.

응소(應劭)의 주석과 신찬(臣瓚)의 주석은 모두 옳다.

만(滿)은 동쪽으로 패수(浿水)를 건너 진고공지(秦故空地)의 상하장(上下障)에 거주했는데, 그곳은 고조선(古朝鮮) 종속국의 왕(王)이 된 만(滿)의 첫 번째 도읍이다.

만(滿)의 첫 번째 도읍은 훗날 한(漢) 요동군(遼東郡) 험독현(險瀆縣)이 되었다.

진고공지(秦故空地)의 상하장(上下障)을 기준으로 왕험성(王險城)까지 거리는 후한(後漢) 기준척(基準尺)으로 600리(里) 전후(前後)이다.

만(滿)이 훗날 정변(政變)을 일으켜 탈취한 고조선(古朝鮮)의 수도 왕험성(王險城)은 만(滿)의 두 번째 도읍이다.

2) 한(漢)이 설치한 낙랑군(樂浪郡) 군치(郡治) 조선현(朝鮮縣)에 고조선(古朝鮮)의 수도 왕험성(王險城)이 위치한다.

패수현(浿水縣)에서 발원한 낙랑군패수(樂浪郡浿水)는 서쪽으로 흘러 조선현(朝鮮縣)을 지나 증지현(增地縣)에 이르러 입해(入海)한다.

조선현(朝鮮縣)의 왕험성(王險城)은 낙랑군(樂浪郡) 패수(浿水) 남쪽에 위치한다.

3) 험독현(險瀆縣)은 왕험성(王險城) 서쪽에 위치하며, 한(漢)과 고조선(古朝鮮) 간(間) 국경인 패수(浿水)는 험독현(險瀆縣) 서쪽에 위치한다.

따라서 한서지리지(漢書地理志) 낙랑군(樂浪郡) 편(篇)에 기록된 패수(浿水)는 대요수(大遼水) 동쪽 낙랑(樂浪) 땅 남부 지역에서 흐르는 하천으로 한(漢)과 고조선(古朝鮮) 간(間) 국경인 패수(浿水)와 동일(同一)한 하천이 아니다.

수경(水經)에 기록된 패수(浿水)는 후한낙랑군(後漢樂浪郡)의 영토에서 흐르는 하천으로 전한낙랑군패수(前漢樂浪郡浿水)와 동일(同一)한 하천이 아니다.

한서지리지(漢書地理志) 낙랑군(樂浪郡) 편(篇)에 의하면

浿水 水西至增地入海
패수현(浿水縣), 수(水)가 서(西)로 흘러 증지현(增地縣)에 이르러 입해(入海)한다.

수경(水經) 패수(浿水) 편(篇)에 의하면

浿水出樂浪鏤方縣 東南過臨浿縣 東入于海
패수(浿水)는 낙랑군(樂浪郡) 누방현(鏤方縣)을 나와 동남쪽 임패현(臨浿縣)을 지나 동쪽으로 입해(入海)한다.

수경주(水經注) 패수(浿水) 편(篇)에 의하면

許慎云 浿水出鏤方 東入海 一曰出浿水縣
허신(許慎)이 말하기를 '패수(浿水)는 누방현(鏤方縣)을 나와 동쪽으로 해(海)로 들어가는데 혹은 패수현(浿水縣)을 나온다'고 했다.

十三州志曰 浿水縣在樂浪東北 鏤方縣在郡東 盖出其縣南逕鏤方也
십삼주지(十三州志)에서 말하기를 '패수현(浿水縣)은 낙랑군(樂浪郡) 동북부 지역에 있고 누방현(鏤方縣)은 낙랑군 동부 지역에 있는데 패수(浿水)는 패수현(浿水縣) 남쪽에서 나와 누방현(鏤方縣)을 지난다'고 했다.

其地今高句麗之國治 余訪蕃使 言城在浿水之陽 其水西流
逕故樂浪朝鮮縣即樂浪郡治 而西北流 故地理志曰 浿水西至增地縣入海
그 땅은 지금 고구려(高句麗)가 다스리고 있는데, 내가 고구려(高句麗) 사신을 만나 물으니 대답하기를 '성(城)은 패수(浿水) 북쪽에 있고, 패수(浿水)는 서쪽으로 흘러 고(故) 낙랑군(樂浪郡) 군치(郡治) 조선현(朝鮮縣)을 지나 서북쪽으로 흐른다'고 했다. 고(故) 지리지(地理志)에서 패수(浿水)는 서쪽으로 증지현(增地縣)에 이르러 입해(入海)한다고 했다.

1) 한서지리지(漢書地理志)에 기록된 전한낙랑군패수(前漢樂浪郡浿水)는 패수현(浿水縣)에서 발원하며, 서쪽으로 흘러 전한낙랑군(前漢樂浪郡) 조선현(朝鮮縣) 왕험성(王險城) 북쪽을 지나 증지현(增地縣)에 이르러 낙랑서해(樂浪西海)에 입해(入海)한다.

2) 수경(水經)에 기록된 후한낙랑군패수(後漢樂浪郡浿水)는 누방현(鏤方縣)에서 발원하며, 동남쪽으로 흘러 임패현(臨浿縣)을 지나 동쪽으로 입해(入海)한다.

3) 허신(許慎)〈AD 30 ∼ 124년〉은 '패수(浿水)가 누방현(鏤方縣)에서 발원하여 동쪽으로 흘러 입해(入海)한다'고 기록했다.

   설문해자(說文解字) 저자로 유명한 후한(後漢) 시기 학자인 허신(許慎)은 본인 생애의 낙랑군(樂浪郡)에서 흐르는 패수(浿水)인 후한낙랑군패수(後漢樂浪郡浿水)를 기록한 것이다.

4) 십삼주지(十三州志)는 북위(北魏)의 학자 감인(闞駰)이 고조선(古朝鮮) 멸망 직후인 BC 106년의 사료(史料)를 바탕으로 저술한 전한(前漢)의 13개 주(州)에 관한 기록이다.

   십삼주지(十三州志)에 기록된 패수(浿水)는 패수현(浿水縣)에서 발원하여 남쪽으로 흘러 누방현(鏤方縣)을 지난 후, 서쪽으로 흘러 낙랑서해(樂浪西海)에 입해(入海)하는 한서지리지(漢書地理志)에 기록된 패수(浿水)이다.

   십삼주지(十三州志)는 전한(前漢)에 관한 기록이므로 십삼주지(十三州志)에 기록된 패수(浿水)는 당연히 전한낙랑군패수(前漢樂浪郡浿水)이다.

5) 수경주(水經注)의 저자는 고구려(髙句麗) 사신에게 패수(浿水)가 흐르는 방향에 대해 물었으며, 고구려(髙句麗) 사신은 전한낙랑군패수(前漢樂浪郡浿水)에 대한 정보를 주었다.

6) 발원지(發源地)와 흐르는 방향이 다른 전한낙랑군패수(前漢樂浪郡浿水)는 후한낙랑군패수(後漢樂浪郡浿水)와 동일(同一)한 하천이 아니다.

> **학설 21)**
>
> 후한낙랑군(後漢樂浪郡)은 전한낙랑군(前漢樂浪郡) 동쪽에 위치한다.
>
> 따라서 후한낙랑군패수(後漢樂浪郡浿水) 또한 전한낙랑군패수(前漢樂浪郡浿水)
>
> 동쪽에 위치한다.

삼국사기(三國史記) 고구려본기(高句麗本紀)에 의하면

> AD 32년, 대무신왕(大武神王) 15년
> 고구려(高句驪)가 최리(崔理)의 낙랑국(樂浪國)을 멸망시켰다.
>
> AD 37년, 대무신왕(大武神王) 20년
> **王襲樂浪 滅之**
> 왕(王)이 낙랑(樂浪)을 습격하여 멸망시켰다.
>
> AD 44년, 대무신왕(大武神王) 27년
> **漢光武帝 遣兵渡海伐樂浪 取其地爲郡縣 薩水已南屬漢**
> 한(漢) 광무제(光武帝)가 군사를 보내 해(海)를 건너 낙랑(樂浪)을 정벌하였고, 그 땅을
> 취해 군현(郡縣)을 설치했다. 살수(薩水) 이남이 한(漢)에 속(屬)했다.
>
> AD 56년, 태조대왕(太祖大王) 4년
> **伐東沃沮 取其土地爲城邑 拓境東至滄海 南至薩水**
> 동옥저(東沃沮)를 정벌하여 그 땅을 취해 성읍(城邑)을 설치했다.
> 동으로 창해(滄海)에 이르고 남으로 살수(薩水)에 이르렀다.

후한서군국지(後漢書郡國志) 요동군(遼東郡) 편(篇)에 의하면

> 요동군(遼東郡) 군치(郡治) 양평현(襄平縣)은 낙양(洛陽) 동북(東北) 3,600리(里) 지점에
> 위치했다.

후한서군국지(後漢書郡國志) 낙랑군(樂浪郡) 편(篇)에 의하면

> 후한낙랑군(後漢樂浪郡) 군치(郡治) 조선현(朝鮮縣)은 낙양(洛陽) 동북(東北)
> 5,000리(里) 지점에 위치했다.

1) 낙랑(樂浪)의 유민들 중 일부가 동쪽으로 이주하여 최리(崔理)의 낙랑국(樂浪國)을 건국했다.

   AD 32년, 고구려(高句驪)는 최리(崔理)의 낙랑국(樂浪國)을 멸망시켰다.

2) AD 37년, 고구려(高句驪)는 전한낙랑군(前漢樂浪郡)을 멸망시켰다.

3) AD 37년, 고구려(高句驪)에 의해 멸망한 낙랑군(樂浪郡) 유민들이 낙랑(樂浪) 땅 동쪽 경계인 단단대령(單單大領)을 넘어 이주하였으며, 고중국(古中國)으로부터 독립했다.

   AD 44년, 후한(後漢) 광무제(光武帝)는 동쪽으로 도망간 낙랑군(樂浪郡) 유민들을 정벌하였으며, 그 땅에 낙랑군(樂浪郡)을 다시 설치했다.

   낙랑군(樂浪郡) 유민들이 후한(後漢)으로부터 독립한 것이 아니라면 한(漢)은 새롭게 군현(郡縣)을 설치할 이유가 없다.

4) 삼국사기(三國史記) 고구려본기(高句麗本紀)에 의하면 후한낙랑군(後漢樂浪郡) 북쪽 국경은 살수(薩水)이다.

5) 고구려(高句麗) 태조대왕(太祖大王)이 동옥저(東沃沮)를 정벌하여 그 땅을 취해 성읍(城邑)을 설치했다.

   후한낙랑군(後漢樂浪郡)과 고구려(高句驪)는 살수(薩水)를 국경으로 남북으로 영토를 접(接)하게 되었다.

6) 낙랑군(樂浪郡) 유민들이 낙랑(樂浪) 땅 동쪽으로 이주한 결과, 후한낙랑군(後漢樂浪郡) 군치(郡治)는 후한요동군(後漢遼東郡) 군치(郡治)에서 1,400리(里)나 떨어져 있게 되었다.

7) 후한낙랑군(後漢樂浪郡)은 전한낙랑군(前漢樂浪郡) 동쪽에 위치하기 때문에 후한낙랑군패수(後漢樂浪郡浿水) 또한 전한낙랑군패수(前漢樂浪郡浿水) 동쪽에 위치한다.

Part 4
동북아고대사난제(東北亞古代史難題)를 풀어 낸 유미학설(柳美學說)

고중국(古中國)과 고조선(古朝鮮) 간(間) 고대 국경의 변화를 고증(考證)하는 논문(論文)을 근거로 새롭게 주장할 수 있게 된 13개 학설을 바탕으로 한서지리지(漢書地理志)·수경(水經)·수경주(水經注)의 기록을 연구하였다.

동북아고대사난제(東北亞古代史難題)의 해법(解法)을 찾기 위해 연구한 결과, '패수(浿水)는 대요수(大遼水) 동쪽에 위치한다'는 한중일학계(韓中日學界)의 통설(通說)을 논파(論破)한 유미학설(柳美學說)을 제시할 수 있었다.

> **[유미학설(柳美學說)]**
>
> 요수(遼水)에서 개칭(改稱)된 유수(濡水) ➡ 패수(浿水) ➡ 패수(沛水)에서
>
> 개칭(改稱)된 대요수(大遼水) ➡ 전한낙랑군패수(前漢樂浪郡浿水) ➡
>
> 후한낙랑군패수(後漢樂浪郡浿水)가 서쪽에서 동쪽 방향으로 위치한다.

유미학설(柳美學說)에 의하면 한(漢)과 고조선(古朝鮮) 간(間) 국경인 패수(浿水)는 대요수(大遼水) 동쪽이 아닌 서쪽에 위치한다.

유미학설(柳美學說)이 논증되면서 '패수(浿水)는 대요수(大遼水) 동쪽에 위치한다'는 한중일학계(韓中日學界)의 통설(通說)은 논파(論破)되었다.

한중일학계(韓中日學界)의 이론체계에는 심각한 결함이 있다.

패수(浿水) 동쪽에 위치한 만리장성동단(萬里長城東端)과 다시 그 동쪽에 위치한 대요수(大遼水) 그리고 다시 대요수(大遼水) 동쪽에 위치한 패수(浿水)로 무한 루프에 빠지기 때문에 동북아고대사난제(東北亞古代史難題)의 해법(解法)을 찾을 수 없다.

동북아고대사난제(東北亞古代史難題)의 해법(解法)을 찾을 수 없는 이론체계는 정사서(正史書)의 1차 사료(史料)가 제시한 기본적인 이론체계가 아니므로 역사적 사실이 아니다.

유미학설(柳美學說)로 만리장성동단(萬里長城東端)의 압록강북변설(鴨綠江北邊說) 또한 논파(論破)되었다.

만리장성동단(萬里長城東端)은 패수(浿水)를 넘었지만 패수(沛水)에서 개칭(改稱)된 대요수(大遼水)는 넘을 수 없기 때문이다.

따라서 대요수(大遼水)가 현(現) 요하(遼河)라는 한중일학계(韓中日學界)의 통설(通說)이 역사적 사실이라 하더라도 만리장성동단(萬里長城東端)은 현(現) 요하(遼河) 동쪽에 위치할 수 없다.

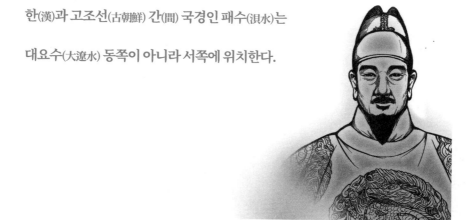

한(漢)과 고조선(古朝鮮) 간(間) 국경인 패수(浿水)는

대요수(大遼水) 동쪽이 아니라 서쪽에 위치한다.

第4章

동북아고대사난제(東北亞古代史難題)의
해법학설(解法學說)

[유미 학설]을 완성하면서 '패수(浿水)는 대요수(大遼水) 동쪽에 위치한다'는 한중일학계(韓中日學界)의 통설(通說)을 논파(論破)했다.

더불어 만리장성동단(萬里長城東端)의 압록강북변설(鴨綠江北邊說) 또한 논파(論破)할 수 있었다.

이번에는 [유미 학설]을 바탕으로 동북아고대사(東北亞古代史) 정립(正立)에 더 많은 기여를 할 수 있는 동북아고대사난제(東北亞古代史難題)의 해법학설(解法學說)을 만들어 보고자 한다.

Part 1
요수(遼水)와 임유현갈석산(臨渝縣碣石山)에 관한 소고(小考)

요수(遼水)에 관한 소고(小考)

필자는 '한(漢)과 고조선(古朝鮮) 간(間) 국경인 패수(浿水)는 요수(遼水)와 대요수(大遼水) 사이에 위치한다'는 주장을 접(接)해 본 적이 없다.

한국의 역사교육과정에서는 '요수(遼水)와 대요수(大遼水)는 동일(同一)한 하천이며 현(現) 요하(遼河)'라고 가르치고 있다.

게다가 '연장성동단(燕長城東端) 양평현(襄平縣)은 현(現) 요하(遼河) 동쪽에 위치한 요양시(遼陽市)'라고 주입식으로 교육한다.

이 때문에 '연장성동단(燕長城東端) 서쪽에 위치한 요수(遼水)는 현(現) 요하(遼河)가 될 수 없다'고 주장하는 재야사학자(在野史學者)들이 양산되었다.

하지만 요수(遼水)와 대요수(大遼水)를 동일(同一)한 하천으로 오인한 재야사학자(在野史學者)들은 '고죽국요수(孤竹國遼水)의 흔적을 찾아 그곳이 고구려(高句麗)의 영토였다'고 주장하고 있다.

수(隋)·당(唐)과 고구려(高句麗) 간(間) 전쟁에서 등장하는 요수(遼水)는 고죽국요수(孤竹國遼水)가 아니라 대요수(大遼水)이기 때문에 재야사학자(在野史學者)들의 주장은 잘못된 것이다.

잘못된 주장이기 때문에 재야사학자(在野史學者)들은 체계적인 논리나 이론을 제시하지 못하고 있다.

동북아고대사난제(東北亞古代史難題)는 한중일학계(韓中日學界)의 이론체계가 결함이 있음을 알려주고 있다.

그러나 한중일학계(韓中日學界)의 이론체계와 다른 새로운 이론체계를 제시하지 않으면서 단편적인 기록만을 근거로 일방적인 주장을 한다면 한중일학계(韓中日學界)의 통설(通說)을 결코 논파(論破)할 수 없다.

한중일학계(韓中日學界)의 통설(通說)은 1,000년 이상 이어져 왔으며, 이를 뒷받침하는 고지도 및 관련 연구가 많이 축적되어 있고, 한중일학계(韓中日學界)의 통설(通說)이 옳다고 믿게 만드는 기록이 압도적으로 많기 때문이다.

통설(通說)을 교육받은 다수의 일반인들은 재야사학자(在野史學者)들의 주장을 조롱하고 있다.

이에 분개하는 일부 재야사학자(在野史學者)들은 학계에서 인정하지 않는 문헌의 기록까지 인용해 더욱 과감한 주장을 펴고 있고, 다수의 일반인들은 그러한 재야사학자(在野史學者)들을 더욱 조롱하는 악순환에 빠져 있다.

양쪽 모두 잘못된 통설(通說)의 피해자들이기에 가슴이 아프다.

고죽국요수(孤竹國遼水)는 고조선(古朝鮮)과 고구려(高句麗)의 영토 내(內)에서 흐른 적이 없다.

고죽국요수(孤竹國遼水)는 한(漢)과 고조선(古朝鮮) 간(間) 국경인 패수(浿水) 서쪽에 위치했으며, 고구려(高句麗)는 패수(浿水)를 넘어 고중국(古中國)의 영토를 강탈한 적이 없기 때문이다.

왜곡된 동북아고대사(東北亞古代史)를 극복하기 위해 가장 먼저 해결해야 할 쟁점은 한(漢)과 고조선(古朝鮮) 간(間) 국경인 패수(浿水)의 위치이다.

하지만 한국인과 중국인의 역사적 자존심은 쟁점마저 패수(浿水)에서 요수(遼水)로 바꾸어 놓았다.

그렇다면 역사교육은 요수(遼水)를 고죽국요수(孤竹國遼水)와 대요수(大遼水)로 구분하여 동일(同一)한 하천인지 따져보는 탐구학습부터 시작해야 한다.

그러나 한국의 역사교육은 '요수(遼水)는 하나이며 현(現) 요하(遼河)'라고 주입식으로 가르치고 있다.

'패수(浿水)가 대요수(大遼水) 서쪽에 위치할 수도 있다'는 역사적 상상력을 원천 봉쇄하는 교육이다.

한중일학계(韓中日學界)의 통설(通說)은 먼저 결론을 내리고 주입식으로 암기시킬 만큼 검증된 절대적인 학설이 아니다.

중국의 동북공정(東北工程)을 비난하기에 앞서, 일제강점기가 끝난 지 70년이 흘렀음에도 검증되지 않은 이론체계를 주입식으로 암기시키고 있는 한국의 역사교육부터 되돌아 볼 필요가 있다.

한국의 역사교육은 여전히 고죽국요수(孤竹國遼水)를 수(隋)·당(唐)과 고구려(高句麗) 간(間) 전쟁에서 등장하는 대요수(大遼水)와 동일(同一)한 하천으로 오인하게 만들고 있다.

학교에서 잘못된 역사를 가르치는 이상, 통설(通說)을 교육받은 사람들의 조롱은 교육부의 책임이자 정치 지도자들의 책임이다.

임유현갈석산(臨渝縣碣石山)에 관한 소고(小考)

현(現) 산해관갈석산(山海關碣石山)은 우갈석(右碣石)인 노룡현갈석산(盧龍縣碣石山)이자 고중국(古中國) 황제(皇帝)들이 등정한 갈석산(碣石山)으로 알려졌다.

그렇다면 좌갈석(左碣石)인 임유현갈석산(臨渝縣碣石山)은 현(現) 진황도시(秦皇島市) 동쪽에 위치해야 한다.

상기한 내용이 역사적 사실이라면 대요수(大遼水)는 현(現) 요하(遼河)임이 분명하고, [고조선 패수(浿水)]는 진황도시(秦皇島市)와 요하(遼河) 사이에 위치한다.

하지만 연(燕)이 멸망하고 고중국(古中國)이 통일된 후, 고중국(古中國)의 황제(皇帝)들이 등정한 갈석산(碣石山)은 한(漢) 우북평군(右北平郡) 여성현(驪成縣)에 위치한 대갈석산(大揭石山)이다.

고조선(古朝鮮)을 멸망시킨 한무제(漢武帝)도 여성현(驪成縣) 대갈석산(大揭石山)에 올라 거해(巨海)를 바라보았다.

여성현(驪成縣) 대갈석산(大揭石山)은 당(唐) 유주(幽州)와 평주(平州)의 경계에 있으며, 이 경계가 연(燕)의 동쪽 국경이자 고중국(古中國)의 동쪽 관문인 유관(榆關)이 위치했던 곳이다.

여성현(驪成縣) 대갈석산(大揭石山)에서 동쪽을 바라보면 요수(遼水), 즉 유수(濡水)가 흐르는 땅이자 고중국(古中國) 최초의 요동(遼東)인 연요동(燕遼東)이 펼쳐진다.

염철론(鹽鐵論) 권9 험고(險固) 편(篇)에 의하면

> **燕塞碣石 絶邪谷 繞援遼[中略]邦國之固 而山川社稷之寶也**
> 연(燕)은 갈석(碣石)으로 막혀 있고, 사곡(邪谷)으로 단절(斷絶)되어 있으며,
> 요수(遼水)로 둘러 쌓여있다. … [중략] … 국가를 지킬 수 있게 하니 산천(山川)은
> 사직(社稷)의 보배이다.

연(燕)의 경계는 당(唐) 유주(幽州)와 평주(平州)의 경계인 '갈석(碣石)으로 막혀 있고, 사곡(邪谷)으로 단절(斷絶)되어 있는 곳'이다.

또한 그곳을 둘러싸고 있는 요수(遼水)는 연(燕)의 동쪽 국경이다.

요수(遼水)가 흐르는 연요동(燕遼東)은 본래 고죽국(孤竹國)의 영토였고, 고죽국(孤竹國)이 멸망하여 많은 시간이 흘렀음에도 불구하고 연(燕)은 연요동(燕遼東)을 내지(內地)로 편입시키지 못했다.

고조선(古朝鮮) 서쪽에 접(接)해 있던 연요동(燕遼東)은 완충지대(緩衝地帶) 역할을 하고 있었으며, 고중국(古中國)의 동북방 한계였다.

연(燕) 진개(秦開)의 동정(東征) 이후, 연장성(燕長城)이 축성(築城)되고, 요수(遼水) 동쪽에 요동군(遼東郡) 양평현(襄平縣)이 설치되면서 마침내 연요동(燕遼東)이 고중국(古中國)의 내지(內地)로 편입되었다.

당(唐) 평주(平州)가 바로 그 연요동(燕遼東) 땅이다.

당(唐) 평주(平州) 서부 지역에 요수(遼水), 즉 유수(濡水)가 흐르고 있으며, 당(唐) 평주(平州)의 동쪽 경계가 패수(浿水)인 것이다.

당(唐) 평주(平州)의 동쪽 관문이 유림관(楡林關)이고, 그 관문의 새(塞)가 요동고새(遼東故塞)이다.

당(唐) 평주(平州)의 갈석산(碣石山)은 류현갈석산(絫縣碣石山)이었던 노룡현갈석산(盧龍縣碣石山)이다.

만리장성동단(萬里長城東端)이 갖는 상징성으로 우갈석(右碣石)인 류현갈석산(絫縣碣石山)보다 좌갈석(左碣石)인 임유현갈석산(臨渝縣碣石山)이 더 부각되어야 한다.

그러나 고구려(高句驪)가 임유현갈석산(臨渝縣碣石山) 일대를 장악한 이후, 고중국(古中國)은 패수(浿水) 동쪽 땅을 좀처럼 내지(內地)로 만들지 못했기 때문에 임유현갈석산(臨渝縣碣石山)보다 연요동(燕遼東)의 류현갈석산(絫縣碣石山)이 더 부각되었다.

당(唐)이 고구려(高句驪)를 멸망시킨 후, 임유현갈석산(臨渝縣碣石山) 일대는 고중국(古中國)의 영토가 되었고, 당(唐)의 학자들 사이에서는 잠시 부각되었다.

하지만 당(唐)은 임유현갈석산(臨渝縣碣石山) 일대를 끝내 내지(內地)로 만들지 못했다.

이후, 요(遼) ➡ 금(金) ➡ 원(元)이 수백 년 동안 임유현(臨渝縣) 일대를 장악하면서 임유현갈석산(臨渝縣碣石山)은 종적을 감춰버렸다.

북방 민족에게 고중국(古中國) 동북방 한계의 상징인 갈석산(碣石山)은 아무런 의미가 없었기 때문이다.

Part 2
동북아고대사(東北亞古代史) 정립(正立)의 당위성

만리장성동단(萬里長城東端)의 위치도 모르는 한중일학계(韓中日學界)

사기(史記)에 '만리장성(萬里長城)은 요동(遼東)에 이르렀다'고 기록되어 있다.

사마천(司馬遷)은 연요동(燕遼東)·진요동(秦遼東)·한요동(漢遼東) 중 진요동(秦遼東) 이라는 역사적 사실을 충분히 드러냈다.

당(唐)의 학자인 장수절(張守節)은 그의 저서 사기정의(史記正義)에서 '요동군(遼東郡) 은 요수(遼水) 동쪽에 있고, 진시황(秦始皇)이 장성(長城)을 축성(築城)했는데 동쪽으로 요수(遼水)에 이르렀다'고 기록했다.

만리장성동단(萬里長城東端)은 연장성동단(燕長城東端) 동쪽에 위치하기 때문에 장 수절(張守節)이 언급한 요수(遼水)는 대요수(大遼水)이다.

사기정의(史記正義)는 사기(史記)의 주석서로 당(唐)의 학자들은 모두 대요수(大遼水) 를 요수(遼水)로 기록했다.

따라서 사기(史記)와 사기정의(史記正義)만 제대로 읽어도 대요수(大遼水)를 경계로 서쪽에 만리장성동단(萬里長城東端)이, 동쪽에 한요동(漢遼東)과 낙랑(樂浪) 땅이 위치 하고 있음을 쉽게 알 수 있다.

만리장성동단(萬里長城東端)도 동쪽으로 대요수(大遼水)를 넘지 못하는데 연장성동 단(燕長城東端) 양평현(襄平縣)과 요동고새(遼東故塞)가 어떻게 대요수(大遼水)를 넘을 수 있겠는가?

동북아고대사(東北亞古代史)의 첫 번째 정사서(正史書)인 사기(史記)도 제대로 이해 하지 못하는 사람들이 가짜 역사를 퍼뜨리는 작금의 현실을 개탄하며, 유일(唯一)한 해결책은 동북아고대사(東北亞古代史) 정립(正立)뿐이다.

왜곡된 동북아고대사(東北亞古代史)는 동북아 평화에 해악(害惡)이다.

한중일학계(韓中日學界)의 통설(通說)을 교육받은 한국 학생들은 '고조선(古朝鮮) 멸망 후, 한반도 북부 지역까지 고중국(古中國)의 군현(郡縣)들이 설치되었고, 수백 년 동안 영토를 수복하지 못했다'는 명제에 자괴감에 빠진다.

그러다가 고구려(高句麗)의 역사를 배우며 위안을 얻는다.

고구려(高句麗)는 한국인의 자존심인 것이다.

그런데 통설(通說)에 의하면 고구려(高句麗)는 고조선(古朝鮮)의 영토만을 수복한 것이 아니라 패수(浿水)를 넘어 요수(遼水) 일대까지 점유했다.

일부 한국인들은 고구려(高句麗)가 고중국(古中國)의 영토를 빼앗았다는 사실에 오히려 자부심을 느낀다.

하지만 타국(他國)의 영토를 강탈한 것은 자랑스러운 역사가 아니라 부끄러운 역사다.

이에 한국의 일부 재야사학자(在野史學者)들은 '연소왕(燕昭王) 재위기간(在位期間)에 실행된 진개(秦開)의 동정(東征) 이전에는 한(漢)과 고조선(古朝鮮) 간(間) 국경인 패수(浿水) 서쪽도 고조선(古朝鮮)의 영토였다'고 주장하고 있다.

하지만 자의적해석(恣意的解釋)에 기댄 비학술적(非學術的)이고 단편적인 주장일 뿐, 한(漢)과 고조선(古朝鮮) 간(間) 국경인 패수(浿水) 서쪽은 고조선(古朝鮮)의 영토였던 적이 없다.

패수(浿水) 서쪽은 고죽국(孤竹國)의 영토가 접(接)해 있었다.

'고죽국(孤竹國)의 영토는 본래 고조선(古朝鮮)의 영토였다'는 사료(史料)들이 있지만, '패수(浿水) 동쪽 대요수(大遼水) 유역의 고조선(古朝鮮) 영토는 고죽국(孤竹國)의 영토였다'는 의미로 예외 없이 모두 가짜 역사다.

본의 아니게 가짜 역사가 담긴 사료(史料)를 근거로 새로운 주장을 펴는 재야사학자(在野史學者)들이 많은데, 역사 왜곡을 방지하기 위한 이론체계로 [유미 학설]을 활용할 것을 충언드린다.

[유미학설(柳美學說)]
요수(遼水)에서 개칭(改稱)된 유수(濡水) ➡ 패수(浿水) ➡ 패수(沛水)에서
개칭(改稱)된 대요수(大遼水) ➡ 전한낙랑군패수(前漢樂浪郡浿水) ➡
후한낙랑군패수(後漢樂浪郡浿水)가 서쪽에서 동쪽 방향으로 위치한다.

재야사학자(在野史學者)의 역사 왜곡 또한 [유미 학설]에 의해 방지된다.

중국(中國)의 동북공정(東北工程)이 알려지면서 한국에서는 주몽 · 대조영 · 광개토대왕 · 연개소문 등의 역사드라마가 제작되었고, 그 내용은 한국인에게 자긍심을 불러일으켰다.

하지만 한국의 역사드라마들이 중국에 수출되면서 역사에 관심이 있는 중국인들에게는 불쾌감을 주었다.

많은 중국인이 요수(遼水)와 대요수(大遼水)를 동일(同一)한 하천으로 오인하여 '고구려(高句麗)의 영토는 본래 고중국(古中國)의 영토였다'고 믿고 있기 때문이다.

중국의 학교에서는 '고구려(高句麗)는 고중국(古中國)의 영토인 예맥(濊貊) 땅에서 건국되어 고중국(古中國)의 영토를 편입하면서 성장했고, 결국 고중국(古中國)에 의해 멸망했기 때문에 고중국(古中國)의 일부다'라고 가르치고 있다.

더불어 '고조선(古朝鮮) 멸망 후, 한반도 북부 지역은 고중국(古中國)의 영토가 되었으며, 한국은 삼한(三韓) ➡ 통일신라(統一新羅) ➡ 고려(高麗) ➡ 조선(朝鮮)으로 승계(承繼)되었다'고 가르치고 있다.

게다가 '고려(高麗)와 조선(朝鮮)이 고중국(古中國)의 영토를 조금씩 잠식하여 현(現) 압록강(鴨綠江)과 두만강(豆滿江)에 이르렀다'고 가르친다.

이러한 교육을 받은 중국인의 입장에서는 한국의 역사드라마들을 보면서 불쾌감을 느낄 수 있다.

서로 '상대가 역사 왜곡을 하고 있다'고 믿고 있으므로 왜곡된 동북아고대사(東北亞古代史)는 동북아 평화에 해악(害惡)이 되고 있다.

[고대 한국]은 패수(浿水) 서쪽 고중국(古中國)의 영토를 강탈한 적이 없으며, 단군조선(檀君朝鮮)·고조선(古朝鮮)·고구려(高句驪)의 건국지는 모두 현(現) 난하(灤河)와 요하(遼河) 사이이다.

고중국(古中國)의 침략 및 강압에 의해 [고대 한국인]들이 동쪽으로 밀려났다는 역사적 사실이 입증된다면, 중국인이 한국인에게 겸허한 마음을 갖게 되면서 동북아 평화에 기여할 수 있다.

1. 동북아의 평화를 위해서 동북아고대사(東北亞古代史)를 정립(正立)해야 한다.

2. 왜곡되지 않은 동북아고대사(東北亞古代史)가 한국인에게 주는 영감은 한국의 문화와 예술을 한차원 더 높은 곳으로 끌어올릴 것이다.

3. 북한 영토에 대한 중국의 영유권 주장은 역사적으로 근거가 없음을 명백하게 밝혀 남북 통일의 걸림돌을 제거해야 한다.

한국의 국가 지도자가 나서야 하는 대업(大業)이며, 이를 실현시키는 국가 지도자는 성공한 대통령으로 역사에 기록될 것이다.

반면, 한국의 국가 지도자가 중국의 동북공정(東北工程)에 제대로 대응하지 못하고 방관한다면, 그것은 한국의 불행이자 나아가 동북아시아의 불행이다.

국가적 역량을 총동원해 동북아고대사정립(東北亞古代史正立)을 완수하지 않는다면 머지않아 역사를 소홀히 다룬 대가를 치르게 될 것이며, 그 대가는 중국에 예속되거나 한·중 전쟁이 될 것이다.

Part 3
동북아고대사난제(東北亞古代史難題)의
해법학설(解法學說) 완성

동북아고대사난제(東北亞古代史難題)는 누구나 정사서(正史書)의 1차 사료(史料)에 담긴 역사적 사실들을 꼼꼼히 따져보면 도달하는 논리적 사고의 결과물인 명제문(命題文)이다.

동북아고대사난제(東北亞古代史難題)

요수(遼水) ➡ 연장성동단(燕長城東端) 양평현(襄平縣)과 요동고새(遼東故塞) ➡

패수(浿水) ➡ 만리장성동단(萬里長城東端)이 위치한 진고공지(秦故空地) ➡ 패수(沛水)

➡ 요동외요(遼東外徼) ➡ 고조선(古朝鮮) 중심지가 서쪽에서 동쪽 방향으로 위치한다.

따라서 동북아고대사난제(東北亞古代史難題)를 적용할 경우 무너지는 학설은 비논리적인 학설임을 인정해야 한다.

그런데 동북아고대사난제(東北亞古代史難題)가 비논리적인 역사 왜곡은 방지하지만 만리장성동단(萬里長城東端) 압록강북변설(鴨綠江北邊說)과 같은 논리성을 갖춘 역사 왜곡은 방지할 수 없었다.

역사적 사실들을 어느 정도 파악하고 있었던 필자에게 '논리성을 갖춘 역사 왜곡은 동북아고대사난제(東北亞古代史難題)의 검증을 피할 수 있다'는 사실은 신선한 충격이었다.

그리고 그 충격은 동북아고대사난제(東北亞古代史難題)에 기대어 '어떠한 역사 왜곡도 결국 실패한다'는 안일한 생각에서 벗어나 동북아고대사정립(東北亞古代史正立)을 실현해야 할 때가 왔음을 절실히 느끼게 만들었다.

미국이 조언한 중국의 북한 영토에 대한 영유권 주장도 큰 영향을 미쳤다.

> [유미학설(柳美學說)]
>
> 요수(遼水)에서 개칭(改稱)된 유수(濡水) ➡ 패수(浿水) ➡ 패수(沛水)에서
>
> 개칭(改稱)된 대요수(大遼水) ➡ 전한낙랑군패수(前漢樂浪郡浿水) ➡
>
> 후한낙랑군패수(後漢樂浪郡浿水)가 서쪽에서 동쪽 방향으로 위치한다.

유미학설(柳美學說)을 대입한 동북아고대사난제(東北亞古代史難題)는 다음과 같다.

유수(濡水) ➡ 연장성동단(燕長城東端) 양평현(襄平縣)과 요동고새(遼東故塞) ➡ 패수(浿水) ➡ 만리장성동단(萬里長城東端)이 위치한 진고공지(秦故空地) ➡ 대요수(大遼水) ➡ 요동외요(遼東外徼) ➡ 전한낙랑군패수(前漢樂浪郡浿水) ➡ 후한낙랑군패수(後漢樂浪郡浿水)가 서쪽에서 동쪽 방향으로 위치한다.

유미학설(柳美學說)을 대입한 동북아고대사난제(東北亞古代史難題)를 이하 동북아고대사난제(東北亞古代史難題)의 해법학설(解法學說)이라 칭(稱)한다.

그리고 약칭(略稱)으로는 명환학설(明煥學說)이라 칭(稱)하고 영어로는 MYEONG HWAN THEORY라 칭(稱)한다.

> [명환학설(明煥學說)]
>
> 유수(濡水) ➡ 연장성동단(燕長城東端) 양평현(襄平縣)과 요동고새(遼東故塞) ➡
>
> 패수(浿水) ➡ 만리장성동단(萬里長城東端)이 위치한 진고공지(秦故空地) ➡
>
> 대요수(大遼水) ➡ 요동외요(遼東外徼) ➡ 전한낙랑군패수(前漢樂浪郡浿水) ➡
>
> 후한낙랑군패수(後漢樂浪郡浿水)가 서쪽에서 동쪽 방향으로 위치한다.

명환학설(明煥學說)이 때로는 역사 왜곡의 검증도구(檢證道具)로 사용되고, 궁극적으로는 동북아고대사정립(東北亞古代史正立) 과정에서 강력한 도구로 사용되길 기대한다.

Part 4
동북아고대사난제(東北亞古代史難題)가 탄생한 이유

유수(濡水)와 대요수(大遼水) 사이에는 한(漢) 요서군(遼西郡) 속현(屬縣)들이 위치한다.

'유수(濡水)는 현(現) 난하(灤河)'라는 명(明)의 역사 왜곡은 '대요수(大遼水)는 현(現) 요하(遼河)'라는 비정(比定)으로 귀결된다.

이 비정(比定)으로 현(現) 난하(灤河)와 요하(遼河) 사이에는 한(漢) 요서군(遼西郡) 속현(屬縣)들이 위치한다.

예를 들어, 만리장성동단(萬里長城東端)인 한(漢) 임유현(臨渝縣)은 현(現) 요하(遼河) 서쪽 인접(隣接)한 곳에 비정(比定)되었으며, 후한(後漢)의 임유현(臨渝縣)은 현(現) 난하(灤河) 동쪽 인접(隣接)한 곳에 비정(比定)되었다.

후한(後漢) 시기, 연요동(燕遼東)을 벗어난 지역에 위치했던 요서군(遼西郡) 속현(屬縣)들은 모두 폐현(廢縣)되었는데, 임유현(臨渝縣)은 서쪽으로 이동하여 연요동(燕遼東)에 재설치되었다.

과유불급(過猶不及)이라 했다.

명(明)은 현(現) 난하(灤河) 일대를 한(漢) 요서군(遼西郡) 서부 지역으로 왜곡한 것에 만족하지 못하고, 현(現) 요양시(遼陽市)를 연(燕) 요동군(遼東郡) 양평현(襄平縣)으로 왜곡했다.

한(漢) 요서군(遼西郡) 서부 지역을 벗어날 수 없는 고죽국요수(孤竹國遼水)로 인해 연(燕) 요동군(遼東郡) 양평현(襄平縣)을 현(現) 요양시(遼陽市)에 위치했던 것처럼 역사 왜곡을 하는 것은 애초에 불가능에 가깝다.

결론적으로 명(明)과 한중일학계(韓中日學界)가 대요수(大遼水)에 이어 요수(遼水)마저 현(現) 요하(遼河)로 비정(比定)했기 때문에 동북아고대사난제(東北亞古代史難題)가 자연스럽게 탄생했다.

요수(遼水)를 현(現) 요하(遼河)에 대입할 경우, 패수(浿水)는 현(現) 혼하(渾河)에 비정 (比定)될 수밖에 없고, 만리장성동단(萬里長城東端)은 현(現) 압록강(鴨綠江) 북변(北邊) 에 위치할 수밖에 없다.

같은 요수(遼水)에 대요수(大遼水)를 대입할 경우 만리장성동단(萬里長城東端)과 진 고공지(秦故空地)가 연장성동단(燕長城東端) 양평현(襄平縣)의 서쪽에 위치하게 되면서 모순(矛盾)이 발생한다.

이 지점에서 한중일학계(韓中日學界)의 통설(通說)을 지지하는 학자들은 '요수(遼水) 와 대요수(大遼水)는 동일(同一)한 하천이 아니며, 요수(遼水)는 대요수(大遼水) 서쪽에 위치한다'는 역사적 사실을 인지했어야 했다.

그리고 최우선으로 동북아고대사난제(東北亞古代史難題)를 푸는데 전력을 다했어 야 했다.

늦었지만 지금이라도 한중일학계(韓中日學界)는 '요수(遼水)와 대요수(大遼水) 사이 에 패수(浿水)가 위치한다'는 [유미 학설]을 수용해야 할 것이다.

第5章

유미학설(柳美學說)과
명환학설(明煥學說)을 보충하는 학설

학설 24) ~ 학설 50)

동북아고대사정립(東北亞古代史正立) 1은 가벼운 출발에 불과합니다.

학설 24) ~ 학설 50) 도 편안한 마음으로 읽으시길 바랍니다.

이어지는 시리즈를 통해 이미 논증된 학설들도 반복적으로 자연스럽게 다시 논증이 됩니다.

필자의 초심을 밝히고자 2014년도에 동북아고대사정립(東北亞古代史正立) 1을 쓰기 시작하면서 작성했던 머리말을 공개합니다.

필자의 사랑하는 딸의 이름은 유미입니다.

이제 중학교 2학년으로 인문학에 대한 지적 욕구가 충만한 나이가
되었습니다.

필자의 바람은 유미가 역사 관련 책들을 읽는 것입니다.

역사학은 인문학적 소양과 상상력 그리고 미래를 보는 통찰력을 키워주는
엘리트 교육의 중요한 토양이기 때문입니다.

그런데 유미에게 추천해 줄 역사책을 찾을 수 없었습니다.

왜곡된 역사가 담긴 무책임한 역사책들을 보면서 결국 필자는 사실만을
기록한 역사책을 직접 만들겠다는 결심을 하게 되었습니다.

동북아시아 고대사에 입문하려면, 우선 고대 중국과 고대 한국의 국경을
살펴봐야 하는데 고대 국가 간의 국경은 진퇴의 변화가 있습니다.

그 국경의 변화를 고증하면서 역사 여행을 시작하려고 합니다.

BC 206년, 새롭게 건국된 요동국(遼東國)의 도읍은 요수(遼水) 서쪽에 위치한
무종(無終)이다.

요수(遼水)와 패수(浿水) 사이의 연요동(燕遼東)이 협소(狹小)하여 무종(無終)
일대까지 요동국(遼東國)의 영토로 편입한 결과이다.

사기(史記) 권48 진섭세가(陳涉世家)에 의하면

BC 209년, 진섭(陳涉)은 장초(張楚)를 건국하여 왕(王)이 되었다. 그리고 진섭(陳涉)은
무신(武臣)에게 옛 조(趙)의 땅을 공격하게 했다. 그런데 무신(武臣)은 한단(邯鄲)에
이르러 스스로 조왕(趙王)이 되었다. 조왕(趙王)이 된 무신(武臣)은 한광(韓廣)에게
병사들을 이끌고 북으로 옛 연(燕)의 땅을 공격하게 했다. 그리고 한광(韓廣) 역시
연왕(燕王)이 되었다.

사기(史記) 권7 항우본기(項羽本紀)에 의하면

BC 206년 2월, 항우(項羽)는 훗날 황제(皇帝)가 되는 유방(劉邦)을 한왕(漢王)으로
봉(封)하는 등 제후국(諸侯國)들의 왕(王)을 봉(封)했다.

사기(史記) 권16 진초지제월표(秦楚之際月表)에 의하면

燕都薊 分爲遼東都無終
연국(燕國)의 도읍은 계(薊)이다.
분할하여 요동국(遼東國)을 두었는데 도읍은 무종(無終)이다.

사기(史記) 권7 항우본기(項羽本紀)에 의하면

臧荼之國 因逐韓廣之遼東 廣弗聽 荼擊殺廣無終 幷王其地
장도(臧荼)가 국(國)에 이르렀다.
한광(韓廣)을 요동(遼東)으로 쫓아내려고 했으나 한광(韓廣)이 말을 듣지 않자
무종(無終)에서 한광(韓廣)을 격살(擊殺)하고 그 땅을 병탄(幷吞)하여 통치했다.

1) BC 209년, 사기(史記) 진섭세가(陳涉世家)의 기록은 모두 같은 연도에 발생한 사건으로 이러한 상황에서 진(秦)이 요동외요(遼東外徼)에 주둔시킨 군대는 정상적으로 운영될 수 없다.

고조선(古朝鮮)은 요동외요(遼東外徼)가 설치된 낙랑(樂浪) 땅 서북부 지역을 수복한 후, 연(燕) 진개(秦開)의 동정(東征)으로 상실했던 패수(浿水)와 패수(沛水) 사이의 진요동(秦遼東)마저 수복했다.

2) BC 206년, 항우(項羽)는 장도(臧茶)를 연왕(燕王)으로 봉(封)하기 위해 한광(韓廣)이 통치하고 있던 연국(燕國)의 영토를 나누어 요동국(遼東國)을 개국(開國)했다.

고조선(古朝鮮)이 진요동(秦遼東)을 이미 수복하였기 때문에 요수(遼水) 동쪽에는 협소(狹小)한 연요동(燕遼東) 밖에 남아있지 않아 요수(遼水) 서쪽 무종(無終) 일대까지 요동국(遼東國)의 영토로 편입하고, 무종(無終)에 요동국(遼東國)의 도읍을 둘 수밖에 없었다.

3) 항우(項羽)의 결정을 따를 수밖에 없었던 한광(韓廣)은 계(薊)에서 무종(無終)으로 물러나 요동왕(遼東王)이 되었다.

BC 206년 4월, 장도(臧茶)는 계(薊)에 입성하여 연왕(燕王)이 되었다.

4) 계(薊)와 무종(無終) 간(間) 거리는 후한(後漢) 기준척(基準尺)으로 400리(里) 전후에 불과했기 때문에 장도(臧茶)는 한광(韓廣)을 무종(無終)에서 요수(遼水) 동쪽 연요동(燕遼東)으로 쫓아내려고 했다.

반면, 무종(無終)을 떠나 요수(遼水) 동쪽 연요동(燕遼東)으로 밀려나는 것은 요동왕(遼東王)의 지위를 내려놓는 것과 다를 바 없으므로 한광(韓廣)은 당연히 거부할 수밖에 없었다.

장도(臧茶)는 무력으로 요동국(遼東國)의 도읍 무종(無終)을 정복하여 한광(韓廣)을 죽였으며, 요동국(遼東國)의 영토를 연국(燕國)의 영토로 편입시켜 통치했다.

패수(浿水) 서쪽에 인접(隣接)해 있는 요동고새(遼東塞)는 연장성동단(燕長城東端)
양평현(襄平縣)의 동쪽을 감싸안은 장새(鄣塞)이다.

사기(史記) 권115 조선열전(朝鮮列傳)에 의하면

滿亡命 聚黨千餘人 魋結蠻夷服而東走出塞 渡浿水 居秦故空地上下鄣

만(滿)이 망명(亡命)했다. 그는 무리 천여 명을 모아 머리에 상투를 하고 만이(蠻夷)
의 옷을 입은 후, 동쪽으로 새(塞)를 나가 패수(浿水)를 건너 진고공지(秦故空地)의
상하장(上下鄣)에서 살았다.

秦滅燕 屬遼東外徼 漢興 為其遠難守 複修遼東故塞 至浿水為界

진(秦)이 연(燕)을 멸(滅)한 후, 요동외요(遼東外徼)에 속(屬)했다.
한(漢)이 건국하여 그곳은 멀어서 지키기가 어려워 다시 요동고새(遼東故塞)를
수리하여 패수(浿水)에 이르러 경계를 정했다.

元封二年 漢使涉何譙諭右渠 終不肯奉詔 何去至界上 臨浿水 使禦刺殺送何者
朝鮮裨王長 即渡 馳入塞
正義: 入平州楡林關也

원봉(元封) 2년, 한(漢)은 섭하(涉何)를 시켜 우거(右渠)를 꾸짖고 타이르게 했으나,
끝내 그는 황제(皇帝)의 명령을 받아들이지 않았다.
섭하(涉何)가 국경에 이르러 패수(浿水)에 다다랐다. 섭하(涉何)는 수레를 끄는 사람을
시켜 전송하던 조선(朝鮮)의 비왕(裨王) 장(長)을 찔러 죽였다.
그리고는 바로 패수(浿水)를 건너 말을 달려서 새(塞)로 들어갔다.
[정의(正義): 들어간 곳은 평주(平州) 유림관(楡林關)이다]

후한서(後漢書) 열전(列傳) 권74 원소유표열전(袁紹劉表列傳)의 주석에 의하면

襄平縣屬遼東郡 故城在今平州盧龍縣西南

양평현(襄平縣)은 요동군(遼東郡)에 속(屬)한다.
옛 성(城)이 지금의 평주(平州) 노룡현(盧龍縣) 서남에 있다.

1) 동쪽으로 새(塞)를 나갔다.

　　요동고새(遼東故塞)는 양평현(襄平縣) 북쪽에 축성(築城)된 연장성(燕長城)과 달리 양평현(襄平) 동쪽을 감싸안은 장새(鄣塞)이다.

2) '요동고새(遼東故塞)를 수리하여 패수(浿水)를 경계로 삼았다'고 기록되어 있다.

　　패수(浿水)는 국경이고, 요동고새(遼東故塞)는 국경의 요새(要塞)이다.

　　국경의 요새(要塞)는 국경과 멀리 떨어져 있을 수 없기 때문에 요동고새(遼東故塞)와 패수(浿水)는 인접(隣接)해 있다.

3) 패수(浿水)에 이르러 한(漢)의 사신 섭하(涉何)가 조선(朝鮮)의 비왕(裨王) 장(長)을 죽였다.

　　패수(浿水)는 요동고새(遼東故塞) 동쪽에 인접(隣接)해 있으므로, 섭하(涉何)는 말을 달리면 비왕(裨王)을 호위하는 군대의 추격을 피할 수 있다고 판단했다.

4) 요수(遼水)에서 개칭된 유수(濡水) 일대에 당(唐) 평주(平州) 노룡현(盧龍縣)이 설치되었고, 사기정의(史記正義)의 저자 장수절(張守節)은 당(唐)의 학자이다.

　　당(唐) 평주(平州) 노룡현(盧龍縣)에 위치한 유림관(楡林關)은 한(漢)이 수리한 요동고새(遼東故塞)의 동쪽 관문임을 알 수 있다.

　　원소유표열전(袁紹劉表列傳)의 주석을 통해서도 당(唐) 평주(平州) 노룡현(盧龍縣)이 연(燕) 요동군(遼東郡) 양평현(襄平縣)임을 확인할 수 있는데, 주석을 남긴 사람은 당(唐) 고종(高宗)의 아들 이현(李賢)이다.

5) 연소왕(燕昭王) 재위기간(在位期間)에 연장성(燕長城)이 축성(築城)되었으며, 연장성동단(燕長城東端)은 요동군(遼東郡) 양평현(襄平縣)이다.

　　진(秦)이 망(亡)하고 한(漢)이 요동(遼東)의 고새(故塞), 즉 옛 새(塞)를 수리했다면 그 새(塞)는 당연히 양평현(襄平) 동쪽을 감싸안은 장새(鄣塞)이다.

사기(史記) 권129 화식열전(貨殖列傳)에 의하면

燕亦勃碣之閒一都會也 南通齊趙 東北邊胡 上谷至遼東 地踔遠 人民希
數被寇 大與趙代俗相類 而民雕捍少慮 有魚塩棗栗之饒 北鄰烏夫餘
東綰穢貉朝鮮真番之利
연(燕) 또한 발해(渤海)와 갈석(碣石) 사이에 있는 도회지(都會地)이다.
남으로 제(齊)와 조(趙)를 통하고, 동북으로 호(胡)가 변방에 있다.
상곡(上谷)에서 요동(遼東)에 이르기까지 지대(地帶)가 멀어 백성이 적었으며, 자주
침입을 당했다. 그들의 풍속은 조(趙), 대(代)와 유사하며 백성들은 독수리처럼
강인하나 사려가 얕았다. 이곳에서는 생선, 소금, 대추, 밤 등이 많이 난다.
북쪽으로 오(烏)와 부여(夫餘)가 이웃하며, 동쪽은 예맥(穢貉) · 조선(朝鮮) ·
진번(眞番)과의 교역에서 이익을 독점하고 있다.

사기(史記) 권115 조선열전(朝鮮列傳)에 의하면

真番旁衆國欲上書見天子 又擁閼不通
진번(眞番)의 주변 중국(衆國)이 글을 올려 황제(皇帝)를 뵙고자 하면,
가로 막고 통하지 못하게 했다.

안사고(顔師古)〈AD 581 ~ 645년〉는 한서(漢書) 권6 무제기(武帝紀) 편(篇)의 임둔군
(臨屯郡)과 진번군(眞番郡)에 주석을 달았다.

안사고(顔師古)가 주석을 달면서 인용한 무릉서(茂陵書)에 의하면

임둔군(臨屯郡) 군치(郡治) 동이현(東暆縣)은 한(漢)의 수도였던 장안(長安)으로부터
6,138리(里) 떨어진 지점에 위치했고, 진번군(眞番郡) 군치(郡治) 잡현(霅縣)은
한(漢)의 수도였던 장안(長安)을 기준으로 7,640리(里) 떨어진 지점에 위치했다.

1) '상곡(上谷)에서 요동(遼東)에 이르기까지 지대(地帶)가 멀리 떨어져 있다'는 기록은 시점이 연장성(燕長城) 축성(築城) 이후임을 알려주고 있다.

　연소왕(燕昭王) 재위기간(在位期間)〈BC 311 ~ BC 279년〉, 연(燕)은 북쪽 동호(東胡)를 습격하여 천리(千里)를 물러나게 하고, 동쪽 고조선(古朝鮮)을 침략하여 패수(沛水) 동쪽으로 밀어낸 후, 상곡군(上谷郡) · 어양군(漁陽郡) · 우북평군(右北平郡) · 요서군(遼西郡) · 요동군(遼東郡)을 설치하였다.

　연(燕) 5군(郡)은 연장성(燕長城)을 방어하기 위해 변방의 요새(要塞)로 설치된 군(郡)이었기에 인구가 적었다.

2) '연(燕) 동쪽에 예맥(濊貊) · 조선(朝鮮) · 진번(真番)이 있다'고 기록되어 있는데, 여기에서 언급된 진번(真番)은 연(燕) 진개(秦開)의 동정(東征)으로 멸망한 진번(眞番)과 위치가 다르다.

　연(燕)의 연장성(燕長城) 축성(築城) 이후의 상황을 설명하는 기록에서 언급된 진번(真番)은 진번(眞番) 유민들이 동쪽으로 이주하여 재건(再建)한 고조선(古朝鮮)의 구성국이다.

3) 사마천(司馬遷)은 재건(再建)된 진번(眞番)을 연(燕) 진개(秦開)의 동정(東征)으로 멸망한 진요동(秦遼東) 땅의 진번(眞番)과 구분하기 위하여 한자(漢字) 표기를 달리했다.

4) 진번(眞番)과 그 주변 국가는 고조선(古朝鮮)의 리더국인 낙랑(樂浪)의 영토를 거쳐야 고중국(古中國)에 갈 수 있으므로 진번(眞番)은 낙랑(樂浪) 땅 동쪽에 위치하고 있다.

5) 무릉서(茂陵書)에 의하면 임둔군(臨屯郡) 군치(郡治) 동이현(東暆縣)보다 진번군(眞番郡) 군치(郡治) 잡현(霅縣)이 더 동쪽에 위치한다.

　진번군(眞番郡)이 고조선(古朝鮮)의 영토에 설치된 한(漢)의 군(郡) 중 가장 동쪽에 위치하고 있는 것이다.

학설 27)

고조선(古朝鮮)은 낙랑(樂浪), 예맥(濊貊), 임둔(臨屯), 진번(眞番) 등의
정치세력(政治勢力)으로 구성되어 있었다.
조선(朝鮮)은 넓은 의미로 그 정치세력(政治勢力)들의 총칭(總稱)이었고,
좁은 의미로 당시의 리더국인 낙랑조선(樂浪朝鮮)을 칭(稱)했다.

사기(史記) 권6 진시황본기(秦始皇本紀)에 의하면

攻韓 得韓王安 盡納其地 以其地爲郡 命曰穎川
한(韓)을 공격해 한왕(韓王) 안(安)을 사로잡았으며,
그 땅을 모두 몰수해 그 땅에 군(郡)을 설치하여 영천(穎川)이라 했다.

遂定荊江南地 降越君 置會稽郡
마침내 초(荊)의 강남(江南) 땅을 평정(平定)하고,
월(越)의 군주를 항복시켜 회계군(會稽郡)을 설치하였다.

略取陸梁地 爲桂林 象郡 南海
육량(陸梁) 땅을 약취(略取)하여 계림군(桂林郡), 상군(象郡), 남해군(南海郡)을
설치했다.

염철론(鹽鐵論) 권8 주진(誅秦) 편(篇)에 의하면

秦旣幷天下 東絶沛水 幷滅朝鮮 南取陸梁 北卻胡狄 西略氐羌 立帝號 朝四夷
진(秦)이 천하(天下)를 병탄(幷呑)한 후, 동쪽으로 패수(沛水)를 건너 조선(朝鮮)을
멸(滅)하여 병탄(幷呑)하고, 남쪽으로 육량(陸梁)을 취(取)하고, 북쪽으로 호(胡)와
적(狄)을 물러나게 하고, 서쪽으로 저(氐)와 강(羌)을 약취(略取)했다.
그리고 황제(皇帝)가 되어 사방의 오랑캐가 배알(拜謁)하게 했다.

사기(史記) 권115 조선열전(朝鮮列傳)에 의하면

遂定朝鮮爲四郡
마침내 조선(朝鮮)을 평정(平定)하고 4군(四郡)을 설치했다.

1) 진(秦)은 전국칠웅(戰國七雄) 중 하나였던 한(韓)의 영토에 1개의 군(郡)을 설치했고, 월(越)을 평정(平定)한 후에도 1개의 군(郡)을 설치했다.

2) 통일 후, 진(秦)은 남쪽에 위치했던 이민족(異民族) 육량(陸梁)을 정복하여 계림군(桂林郡)·상군(象郡)·남해군(南海郡)을 설치했다.

육량(陸梁)에는 3개의 정치세력(政治勢力)이 있었음을 알 수 있다.

3) 진(秦)이 전국시대(戰國時代)를 마감하고 고중국(古中國)을 통일하기 전까지 고중국(古中國)은 중앙집권국가(中央集權國家)가 아니었다.

고중국(古中國) 또한 7개의 정치세력(政治勢力)인 전국칠웅(戰國七雄)이 고중국(古中國)을 구성하고 있었다.

4) 고조선(古朝鮮) 역시 중앙집권국가(中央集權國家)가 아니었으며, 낙랑(樂浪)·예맥(濊貊)·임둔(臨屯)·진번(眞番) 등의 정치세력(政治勢力)으로 구성되어 있었다.

당시에는 리더국과 주변 변강(邊疆)의 종속국들이 결합한 형태가 일반적인 국가형태(國家形態)였다.

5) 고조선(古朝鮮)이 하나의 정치세력(政治勢力)이었다면 4개의 군(郡)은 필요하지 않고, 1개의 군(郡)으로 충분하다.

한(漢)은 낙랑(樂浪) 땅에 낙랑군(樂浪郡)을 설치하고, 예맥(濊貊)·임둔(臨屯)·진번(眞番) 땅에도 각각 군(郡)을 설치했다.

6) 고중국(古中國)은 조선(朝鮮)이란 국호(國號)를 조선현(朝鮮縣), 즉 현(縣)의 이름으로 격하(格下)시켜 낙랑군(樂浪郡)의 치소(治所)로 삼았다.

낙랑(樂浪)이 고조선(古朝鮮)의 리더국이었던 것이다.

조선(朝鮮)은 넓은 의미로 4개 정치세력(政治勢力)의 총칭(總稱)이고, 좁은 의미로 리더국이었던 낙랑조선(樂浪朝鮮)을 가리킨다.

예맥조선(濊貊朝鮮)은 흉노(匈奴) 동쪽에 접(接)해 있다.

염철론(鹽鐵論) 권8 주진(誅秦) 편(篇)에 의하면

秦旣幷天下 東絶沛水 幷滅朝鮮 南取陸梁 北卻胡狄 西略氐羌 立帝號 朝四夷

진(秦)이 천하(天下)를 병탄(幷呑)한 후, 동쪽으로 패수(沛水)를 건너 조선(朝鮮)을
멸(滅)하여 병탄(幷呑)하였으며, 남쪽으로 육량(陸梁)을 취(取)하고, 북쪽으로 호(胡)와
적(狄)을 물러나게 하고, 서쪽으로 저(氐)와 강(羌)을 약취(略取)했다.
그리고 황제(皇帝)가 되어 사방의 오랑캐가 배알(拜謁)하게 했다.

사기(史記) 권110 흉노열전(匈奴列傳)에 의하면

悉複收秦所使蒙恬所奪匈奴地者

진(秦)의 몽염(蒙恬)에게 빼앗겼던 흉노(匈奴)의 땅을 남김없이 모두 되찾았다.

사기(史記) 권110 흉노열전(匈奴列傳)에 의하면

선우(單于)에 오른 묵돌(冒頓)의 재위기간(在位期間)<BC 209 ~ BC 174년>에
흉노(匈奴)는 동방(東方)에 위치한 동호(東胡)를 정복하여 흉노(匈奴)의 영토로
편입했으며, 서방(西方)에 위치한 월지(月氏) 또한 공격하여 정복했고, 남쪽으로
누번(樓煩)과 백양(白羊)의 영토를 병탄(幷呑)했다.

사기(史記) 권110 흉노열전(匈奴列傳)에 의하면

諸左方王將居東方 直上谷以往者東接穢貊朝鮮 右方王將居西方 直上郡
以西接月氏氐羌 而単於之庭直代雲中

모든 좌방(左方)의 왕(王)과 장(將)은 동방(東方)에 거주하였으며, 상곡(上谷)에서부터
동쪽을 맡아 예맥조선(濊貊朝鮮)에 접(接)해 있었다.
우방(右方)의 왕(王)과 장(將)은 서방(西方)에 거주하였으며, 상군(上郡)에서부터
서쪽을 맡아 월지(月氏)·저(氐)·강(羌)에 접(接)해 있었다.
그리고 선우(單于)의 왕정(王庭)은 대(代)와 운중(雲中)을 마주 보고 있었다.

1) 진시황(秦始皇)이 고중국(古中國)을 통일한 후, 사방(四方)으로 이민족(異民族) 정복 전쟁을 벌였을 때, 당시 호(胡)라 불린 흉노(匈奴) 또한 영토를 빼앗겼다.

2) 진(秦) 말기(末期), 흉노(匈奴)는 옛 영토를 모두 수복하였으며, 만리장성(萬里長城) 은 무력화(無力化)되었다.

전국시대(戰國時代)의 고새(故塞)가 다시 고중국(古中國)과 흉노(匈奴) 간(間) 경계 가 되었다.

3) 진(秦) 말기(末期), 고조선(古朝鮮) 또한 옛 영토를 모두 수복하였으며, 만리장성 동단(萬里長城東端)은 무력화(無力化)되었다.

연장성(燕長城) 남쪽은 패수(浿水)가 다시 고중국(古中國)과 고조선(古朝鮮) 간(間) 국경으로 원위치 되었다.

4) 선우(單于) 묵돌(冒頓)이 동호(東胡)를 복속시키면서 연장성(燕長城) 북쪽 동호(東 胡)의 땅은 흉노(匈奴) 좌방(左方)의 왕(王)이 다스리는 흉노(匈奴)의 영토가 되었으 며, 흉노(匈奴)는 동쪽으로 예맥조선(濊貊朝鮮)과 접(接)하게 되었다.

5) '상곡(上谷)이 흉노(匈奴)의 영토가 되었다면, 연장성(燕長城) 이남의 땅도 흉노(匈 奴)의 영토가 아닌가?' 라는 의문을 가질 수 있다.

하지만 흉노(匈奴)의 상곡(上谷)은 진(秦)이 흉노(匈奴)의 영토에 설치한 상곡(上谷) 으로 연장성서단(燕長城西端) 조양(造陽) 상곡군(上谷郡)보다 훨씬 북쪽에 위치했다.

6) 연장성(燕長城) 북쪽 흉노(匈奴)의 영토에 접(接)해 있는 정치세력(政治勢力)은 예 맥조선(濊貊朝鮮)이다.

예맥조선(濊貊朝鮮)은 고조선(古朝鮮)의 구성국으로 예맥(濊貊)이라는 명칭에 조 선(朝鮮)이라는 국명을 연칭(連稱)한 것이다.

이러한 사마천(司馬遷)의 필법(筆法)은 역사적 사실을 이해하는데 큰 도움이 된다.

진요동(秦遼東)을 통치할 당시, 만(滿)의 첫 번째 도읍은 험독(險瀆)이고 ,

낙랑(樂浪)의 왕(王)이 된 이후, 만(滿)의 두 번째 도읍은 왕험(王險)이다.

사기(史記) 권115 조선열전(朝鮮列傳)에 의하면

滿亡命 聚黨千餘人 魋結蠻夷服而東走出塞 渡浿水 居秦故空地上下鄣
稍役屬真番朝鮮蠻夷及故燕斉亡命者王之 都王險

만(滿)이 망명(亡命)했다. 그는 무리 천여 명을 모아 머리에 상투를 틀고 만이(蠻夷)의
옷을 입은 후, 동쪽으로 새(塞)를 나가 패수(浿水)를 건너 진고공지(秦故空地)의
상하장(上下鄣)에서 살았다. 여기에서 차츰 진번조선(真番朝鮮)의 만이(蠻夷)와 옛
연(燕)과 제(齊)의 망명자(亡命者)들의 왕(王)이 되었으며, 도읍은 왕험(王險)이다.

위 기록은 고조선(古朝鮮)에 관하여 만(滿)이 정변(政變)을 일으키기 전과 정변(政變)을 일으킨 후의 기록을 통합하여 기술한 것이다.

시기별로 A와 B로 분리한다면

A. 만(滿)이 정변(政變)을 일으키기 전

滿亡命 聚黨千餘人 魋結蠻夷服而東走出塞 渡浿水 居秦故空地上下鄣
稍役屬真番朝鮮蠻夷及故燕斉亡命者王之

만(滿)이 망명(亡命)했다. 그는 무리 천여 명을 모아 머리에 상투를 틀고, 만이 (蠻夷)의
옷을 입은 후, 동쪽으로 새(塞)를 나가 패수(浿水)를 건너 진고공지(秦故空地)의
상하장(上下鄣)에서 살았다. 여기에서 차츰 진번조선(真番朝鮮)의 만이(蠻夷)와 옛
연(燕)과 제(齊)의 망명자(亡命者)들의 왕(王)이 되었다.

B. 만(滿)이 정변(政變)을 일으켜 낙랑(樂浪)의 왕(王)이 된 후

都王險

도읍은 왕험(王險)이다.

1) 만(滿)이 천여 명의 무리와 함께 요동고새(遼東故塞)를 나와 패수(浿水)를 건너 고조선(古朝鮮)으로 망명했다.

2) 망명한 만(滿)은 고조선(古朝鮮)의 리더국인 낙랑(樂浪) 왕(王)의 신하(臣下)가 되었으며, 역할은 고조선(古朝鮮)이 진(秦)으로부터 수복한 진요동(秦遼東) 땅, 즉 고조선(古朝鮮)의 서쪽 영토를 지키는 일이었다.

3) 사마천(司馬遷)은 고조선(古朝鮮)이 수복한 패수(浿水) 동쪽 진요동(秦遼東)을 진고공지(秦故空地)라 칭(稱)했다.

4) 만(滿)은 진요동(秦遼東) 땅에서 낙랑(樂浪) 땅으로 진입하는 길목인 상하장(上下障)에 자리를 잡고 세력을 키웠다.

5) 당시 진요동(秦遼東)에는 연(燕) 진개(秦開)의 동정(東征)으로 멸망한 진번(眞番) 유민들이 살고 있었으며, 한(漢)에 복속되는 것을 거부한 연(燕)과 제(齊)의 유민들이 몰려들었다.

6) 만(滿)의 세력(勢力)이 커지면서 진요동(秦遼東)은 고조선(古朝鮮)의 종속국으로 성장하였으며, 만(滿)은 왕(王)이 되었다.

상하장(上下障)이 위치한 험독(險瀆)은 만(滿)의 첫 번째 도읍이 되었다.

고조선(古朝鮮) 멸망 후, 만(滿)의 첫 번째 도읍인 험독(險瀆)에는 한(漢) 요동군(遼東郡) 험독현(險瀆縣)이 설치되었다.

7) 세력(勢力)이 커진 만(滿)은 정변(政變)을 일으켜 낙랑(樂浪)의 도읍 왕험(王險)을 탈취하고, 낙랑(樂浪)의 왕(王)이 되었다.

8) 낙랑(樂浪)의 왕(王)이 된 만(滿)은 험독(險瀆)으로 돌아가지 않았으며, 낙랑(樂浪)의 도읍 왕험(王險)은 만(滿)의 두 번째 도읍이 되었다.

고조선(古朝鮮) 멸망 후, 왕험(王險)에는 한(韓) 낙랑군(樂浪郡) 조선현(朝鮮縣)이 설치되었다.

만(滿)이 정변(政變)을 일으켜 낙랑(樂浪)의 왕(王)이 되자
고조선연맹(古朝鮮聯盟)이 무너졌다.
만(滿)이 무력(武力)으로 임둔(臨屯)과 진번(眞番)을 복속시켰지만
예맥(濊貊)은 고조선연맹(古朝鮮聯盟)에서 이탈했다.
고조선(古朝鮮)이 낙랑조선(樂浪朝鮮)과 예맥조선(濊貊朝鮮)으로 분리되었다.

사기(史記) 권115 조선열전(朝鮮列傳)에 의하면

會孝惠高后時天下初定 遼東太守即約滿爲外臣 保塞外蠻夷 無使盜邊
諸蠻夷君長欲入見天子 勿得禁止 以聞 上許之 以故滿得兵威財物侵降其旁小邑
眞番 臨屯 皆來服屬 方數千里
효혜(孝惠), 고후(高后) 시대를 맞이하여 천하(天下)가 비로소 안정을 찾았다.
요동태수(遼東太守)가 '이제 만(滿)이 외신(外臣)이 되어 새(塞) 밖의 만이(蠻夷)를
보위(保衛)하고, 변경을 침범하지 않을 것이며, 만이(蠻夷)의 군장(君長)들이
들어와 천자(天子)를 만나고자 할 때 금지하지 않겠다는 약속을 했다'고 보고하니
천자(天子)가 허락했다. 이로써 만(滿)은 병위(兵威)와 재물(財物)을 얻어 그 주위의
소읍(小邑)들을 침략해 항복시키니 진번(眞番)과 임둔(臨屯)이 복속했으며, 영토는
방수천리(方數千里)가 되었다.

한서(漢書) 오행지(五行志)에 의하면

고조선(古朝鮮) 정벌에는 누선장군(樓船將軍) 양복(楊僕)과 좌장군(左將軍)
순체(荀彘)가 출전하여 두 장군(將軍)이 3군(三郡)을 열었다.

사기(史記) 권110 흉노열전(匈奴列傳)에 의하면

漢東拔穢貉朝鮮以爲郡
한(漢)은 동쪽으로 예맥조선(濊貊朝鮮)을 정복하여 군(郡)을 설치했다.

한서(漢書) 무제(武帝) 본기(本紀)에 의하면

遂滅朝鮮爲樂浪玄臨屯眞番
마침내 조선(朝鮮)을 멸(滅)해 낙랑군(樂浪郡), 현도군(玄菟郡), 임둔군(臨屯郡),
진번군(眞番郡)을 설치했다.

1) 만(滿)이 정변(政變)을 일으켜 낙랑(樂浪)의 왕(王)이 되자, 고조선(古朝鮮)의 구성 국들은 만(滿)을 리더국의 왕(王)으로 인정하지 않았다.

고조선연맹(古朝鮮聯盟)이 무너진 것이다.

이후, 만(滿)은 한(漢)의 지원을 받아 무력(武力)으로 임둔(臨屯)과 진번(眞番)을 복속시켰고, 고조선(古朝鮮)은 낙랑조선(樂浪朝鮮)과 예맥조선(濊貊朝鮮)으로 분리되었다.

2) BC 108년, 낙랑조선(樂浪朝鮮)의 도읍 왕험성(王險城)이 함락되자 임둔(臨屯)과 진번(眞番)은 항거(抗拒)하지 않았으며, 임둔군(臨屯郡)과 진번군(眞番郡)의 설치를 받아들였다.

3) 한서(漢書) 오행지(五行志)에 기록된 바와 같이 낙랑군(樂浪郡)·임둔군(臨屯郡)·진번군(眞番郡)의 설치로 낙랑조선(樂浪朝鮮) 정복은 완료되었다.

4) BC 107년, 한(漢)은 예맥조선(濊貊朝鮮)을 멸망시켰으며, 예맥(濊貊) 일파(一派)인 옥저(沃沮)를 복속시켜 현도군(玄菟郡)을 설치했다.

복속을 거부한 예맥(濊貊) 일파(一派)들이 동쪽으로 이주하였고, 남하(南下)한 예맥(濊貊) 일파(一派)들에 의해 임둔군(臨屯郡)과 진번군(眞番郡)이 폐군(廢郡)되었다.

임둔군(臨屯郡)의 영토에서 예국(濊國)이 건국되었으며, 진번군(眞番郡)의 영토에서 맥국(貊國)이 건국되었다.

5) 한(漢)은 낙랑조선(樂浪朝鮮)과 예맥조선(濊貊朝鮮)을 별개의 전쟁으로 멸망시켰고, 두 조선(朝鮮)을 별개의 국가로 여긴 사마천(司馬遷)은 흉노열전(匈奴列傳)에 예맥조선(濊貊朝鮮) 멸망을 따로 기록하였다.

한서(漢書) 오행지(五行志)에도 '3군(三郡)을 열었다'고 기록되었다.

한편, 한서(漢書) 무제(武帝) 본기(本紀)에는 낙랑조선(樂浪朝鮮)과 예맥조선(濊貊朝鮮)을 하나로 묶어 '한(漢)이 조선(朝鮮)을 멸망시키고 4군(郡)을 설치했다'고 기록되어 있다.

만리장성동단(萬里長城東端) 임유현(臨渝縣)은 한(漢) 시기에 요서(遼西)에
위치한다.

태조대왕(太祖大王) 치하(治下)에서 고구려(高句驪)가 서쪽으로는 대요수(大遼水)
서쪽 요서(遼西) 땅까지, 동쪽으로는 한반도동해(韓半島東海)까지 영토를
확장하여 고구려(高句驪)의 제1 전성기를 열었으며, 태조대왕(太祖大王)은
건국시조(建國始祖)란 뜻을 내포하고 있는 태조(太祖)이자 대왕(大王)으로
추봉(追封)되었다.

수경주(水經注) 대요수(大遼水) 편(篇)에 의하면

白狼水又東北出 東流, 分為二水 右水疑即渝水也
백랑수(白狼水)는 또한 동북쪽으로 나와 동쪽으로 흘러 2개의 수(水)로 나누어지는데,
오른쪽 물줄기는 유수(渝水)인 것 같다.

한서지리지(漢書地理志), 요서군(遼西郡) 편(篇)에 의하면

臨渝 渝水首受白狼 東入塞外
임유현(臨渝縣) 유수(渝水)가 백랑수(白狼水)에서 시작하여 동쪽으로 흘러
새외(塞外)로 나간다.

삼국사기(三國史記) 고구려본기(高句麗本紀)에 의하면

AD 32년, 대무신왕(大武神王) 15년
고구려(高句驪)가 최리(崔理)의 낙랑국(樂浪國)을 멸망시켰다.

AD 37년, 대무신왕(大武神王) 20년
王襲樂浪 滅之
왕(王)이 낙랑(樂浪)을 습격하여 멸망시켰다.

AD 55년, 태조대왕(太祖大王) 3년
고구려(高句麗)가 요서(遼西)에 10개의 성(城)을 쌓아 후한(後漢)의 침입에 대비했다.

1) 백랑수(白狼水)는 동쪽으로 흘러 대요수(大遼水)에 인접(隣接)한 곳에서 2개의 하천으로 나누어졌다.

수경주(水經注) 대요수(大遼水) 편(篇)에 의하면 백랑수(白狼水)의 왼쪽 물줄기는 백랑수(白狼水)라는 하천명(河川名)으로 동남쪽으로 흘러 방현(房縣)에 이르러 대요수(大遼水)로 들어갔다.

백랑수(白狼水)의 오른쪽 물줄기는 남쪽으로 흘러 유수(渝水)라는 하천명(河川名)으로 교려현(交黎縣)과 임유현(臨渝縣)에서 흘렀다.

백랑수(白狼水)의 지류인 유수(渝水)가 흐르는 한(漢) 요서군(遼西郡) 임유현(臨渝縣)은 만리장성동단(萬里長城東端)이다.

한(漢) 시기, 만리장성동단(萬里長城東端)은 요서(遼西)에 위치했다.

따라서 대요수(大遼水)가 현(現) 요하(遼河)라는 한중일학계(韓中日學界)의 통설(通說)을 따르더라도 만리장성동단(萬里長城東端)은 현(現) 요하(遼河) 동쪽에 위치할 수 없다.

2) AD 32년, 고구려(高句驪)는 낙랑(樂浪)의 유민들이 동쪽으로 이주하여 건국한 낙랑국(樂浪國)을 멸망시켰다.

AD 37년, 고구려(高句驪)는 대요수(大遼水) 동쪽에 접(接)해 있던 한(漢) 낙랑군(樂浪郡)을 멸망시킴으로써 고조선(古朝鮮)의 승계국(承繼國)이 되었다.

AD 55년, 고구려(高句驪)는 대요수(大遼水) 서쪽 요서(遼西) 땅에 위치한 고조선(古朝鮮)의 영토를 수복하여 10개의 성(城)을 쌓았다.

3) 고구려(高句驪)는 서쪽으로는 대요수(大遼水) 서쪽 요서(遼西) 땅까지, 동쪽으로 한반도동해(韓半島東海)까지 영토를 확장하여 제1 전성기를 맞이했다.

태조대왕(太祖大王) 치하(治下)였기 때문에 왕(王)은 태조(太祖)이자 대왕(大王)인 태조대왕(太祖大王)으로 추봉(追封)되었다.

학설 32)

노룡새(盧龍塞)는 만리장성(萬里長城)의 일부이다.
AD 49년, 고구려(高句麗)가 노룡새(盧龍塞)를 관통하여
북평(北平), 어양(漁陽), 상곡(上谷), 태원(太原)을 습격했다.

신당서지리지(新唐書地理志) 하북도(河北道) 규주(嬀州) 편(篇)에 의하면

懷戎 天寶中析置嬀川縣 尋省 嬀水貫中 北九十里有長城 開元中張說築
東南五十里有居庸塞 東連 盧龍 碣石 西屬 太行 常山 實天下之險
회융현(懷戎縣), 천보(天寶) 연간에 규천현(嬀川縣)을 쪼개서 설치하였다가 곧 없앴다.
규수(嬀水)가 가운데를 지나간다. 북쪽 90리(里)에 장성(長城)이 있는데 개원(開元)
연간에 장설(張說)이 쌓은 것이다. 동남쪽 50리(里) 지점에 거용새(居庸塞)가 있고,
동쪽으로 연이어 노룡(盧龍)과 갈석(碣石)이 있으며, 서쪽으로는 태행산(太行)과
상산(常山)이 잇닿아 있는데 실로 천하의 험한 곳이다.

삼국지(三國志) 위서(魏書) 전주전(田疇傳)에 의하면

전주(田疇)는 조조(曹操)에게 노룡새(盧龍塞)를 나가 이미 폐현(廢縣)된 한(漢)
어양군(漁陽郡) 백단현(白檀縣)과 한(漢) 우북평군(右北平郡) 평강현(平綱縣)을 지나
유성현(柳城縣)으로 향하는 진군로(進軍路)를 권유했다.

후한서(後漢書) 광무제기(光武帝記)에 의하면

二十五春正月 遼東徼外貊人寇右北平 漁陽 上谷 太原 遼東太守祭肜招降之
AD 49년, 요동(遼東) 새외(徼外)의 맥인(貊人)이 우북평(右北平)·어양(漁陽)·
상곡(上谷)·태원(太原)을 침략해서 요동태수(遼東太守) 제융(祭肜)이 포위하고
항복시켰다.

후한서(後漢書) 권85 동이열전(東夷列傳) 고구려(高句麗) 편(篇)에 의하면

二十五年春 句驪寇右北平 漁陽 上谷 太原 而遼東太守祭肜以恩信招之
皆復款塞
AD 49년, 구려(句驪)가 우북평(右北平)·어양(漁陽)·상곡(上谷)·태원(太原)을
노략질하자 요동태수(遼東太守) 제융(祭肜)이 은혜와 신의로써 부르니 모두 다시
관새(款塞)를 찾아와 복종했다.

1) 연장성(燕長城)은 연(燕)의 상곡(上谷)에서 동북쪽으로 축성(築城)되었으며, 연장성(燕長城)의 일부인 노룡새(盧龍塞)는 만리장성(萬里長城)의 일부가 되었다.

노룡새(盧龍塞) 동단(東端)에서 동쪽으로 연장된 만리장성(萬里長城)은 임유현(臨渝縣) 갈석산(碣石山)까지 축성(築城)되었다.

2) 전주(田疇)는 노룡새(盧龍塞) 북쪽 진군로(進軍路)를 조조(曹操)에게 설명하면서 '광무제(光武帝) 건무(建武) 연간 이래로 그 길이 무너져 내려 끊어진 지 2백여 년이 되었다'고 말했다.

'광무제(光武帝) 건무(建武) 연간'은 AD 25 ~ 56년이다.

AD 49년, 고구려(高句麗) 습격 이후, 노룡새(盧龍塞) 북쪽 진군로(進軍路)가 폐쇄된 것이다.

3) 후한서(後漢書) 동이열전(東夷列傳) 고구려(高句驪) 편(篇)에 의하면 '구려(句驪)는 일명(一名) 맥(貊)이라 칭(稱)한다'고 기록되어 있다.

태원(太原)까지 습격한 고구려(高句驪) 군대를 대요수(大遼水) 동쪽 한(漢) 요동군(遼東郡) 양평현(襄平縣)에 있는 요동태수(遼東太守)가 군대를 이끌고 쫓아가 포위하고 항복시켰다는 것은 비상식적인 기록이다.

은신(恩信), 즉 '은혜와 신의로서 대했다'는 것은 재물로 달랬다는 뜻이다.

4) 고구려(高句麗)가 우북평(右北平)·어양(漁陽)·상곡(上谷)·태원(太原)의 순서대로 후한(後漢)을 공격하기 위해서는 먼저 노룡새(盧龍塞) 북쪽에 설치된 우북평군(右北平郡)과 어양군(漁陽郡)의 속현(屬縣)들을 돌파하여 노룡새(盧龍塞) 관통에 성공해야 한다.

노룡새(盧龍塞) 관통 후, 서쪽으로 진군(進軍)하여 태행산맥(太行山脈) 일대에 위치한 상곡군(上谷郡) 속현(屬縣)들을 돌파하면, 태행산맥(太行山脈) 서쪽에 위치한 태원(太原)을 공격할 수 있다.

연장성서단(燕長城西端) 연(燕)의 상곡(上谷)은 역수(易水) 서쪽

태행산맥(太行山脈)에 위치한다.

저양현(沮陽縣)은 연장성서단(燕長城西端)에 위치한 조양(造陽)이 아니다.

사기(史記) 권110 흉노열전(匈奴列傳)에 의하면

> 燕亦築長城 自造陽至襄平 置上谷 漁陽 右北平 遼西 遼東郡以拒胡
> 연(燕) 역시 장성(長城)을 쌓았다. 조양(造陽)에서 양평(襄平)에 이르렀다.
> 상곡군(上谷郡), 어양군(漁陽郡), 우북평군(右北平郡), 요서군(遼西郡),
> 요동군(遼東郡)을 설치하여 호(胡)를 방어했다.

사기(史記) 권6 진시황본기(秦始皇本紀)에 의하면

> 十八年 大興兵攻趙 王翦將上地 下井陘 端和將河內 羌瘣 伐趙
> 端和圍邯鄲城 十九年 王翦 羌瘣盡定取趙地東陽 得趙王 引兵欲攻燕 屯中山
> 趙公子嘉率其宗數百人之代 自立爲代王 東與燕合兵 軍上谷
> BC 229년, 군사를 크게 일으켜 조(趙)를 공격했는데 왕전(王翦)이 상지(上地)의
> 군사를 이끌고 정경(井陘)을 공격했고, 단화(端和)가 하내(河內)의 군사를 거느렸다.
> 강외(羌瘣)가 조(趙)의 군대를 토벌하고, 단화(端和)가 한단성(邯鄲城)을 포위했다.
> BC 228년, 왕전(王翦)과 강외(羌瘣)가 조(趙)의 땅 동양(東陽)을 모두 취하고 조왕(趙王)
> 천(遷)을 사로잡았다. 이후, 연(燕)을 공격하고자 군대를 이끌고 중산(中山)에 가서
> 주둔했다. 조(趙)의 공자(公子) 가(嘉)는 수백 명을 이끌고 대(代)로 가서 스스로
> 대왕(代王)에 즉위했으며, 동쪽으로 연(燕)과 연합해 군대를 상곡(上谷)에 주둔시켰다.
>
> 二十年 燕太子丹患秦兵至國 恐 使荊軻刺秦王 秦王覺之 體解軻以徇 而使王翦
> 辛勝攻燕 燕 代發兵擊秦軍 秦軍破燕易水之西
> BC 227년, 연(燕) 태자(太子) 단(丹)은 진(秦)의 군대가 연(燕)을 침략해올 것이 두려운
> 나머지 형가(荊軻)에게 진왕(秦王)을 척살(刺殺)하게 했다.
> 진왕(秦王)이 그 사실을 알고 형가(荊軻)의 사지를 찢어 백성들에게 보이고
> 왕전(王翦)과 신승(辛勝)으로 하여금 연(燕)을 공격하게 했다.
> 연(燕)과 대(代)가 군대를 일으켜서 진(秦)의 군대를 공격했으나, 진(秦)의 군대가
> 역수(易水) 서쪽에서 연(燕)의 군대를 격파했다.

1) 연장성(燕長城) 서단(西端)은 연(燕) 상곡군(上谷郡) 조양(造陽)이다.

2) 고중국(古中國) 전국시대(戰國時代), 진(秦)이 조(趙)를 멸망시킨 후, 연(燕)을 공격하기 위해 군대를 중산(中山)에 주둔시켰다.

   태행산맥(太行山脈) 일대에 위치한 중산(中山)은 당시 조(趙)의 영토였으며, 중산(中山) 동북쪽에 연(燕)이 위치했다.

3) 조(趙)가 멸망하고 조왕(趙王) 천(遷)이 사로 잡히자, 조왕(趙王) 천(遷)의 아들 가(嘉)는 조(趙)의 서북부 지역에 위치한 대(代)로 도주하였으며, 연(燕)과 연합하여 상곡(上谷)에 군대를 주둔시켰다.

4) 1년 뒤, 중산(中山)에 주둔하고 있던 진(秦)의 군대가 연(燕)을 공격하였으며, 상곡(上谷)에 주둔하고 있던 연(燕)과 대(代)의 군대가 함께 맞서 싸웠는데, 전투가 벌어진 곳은 역수(易水) 서쪽이다.

5) 역수(易水) 서쪽은 역수(易水)의 발원지(發源地)인 태행산맥(太行山脈)이며, 역수(易水) 서쪽에 위치한 상곡(上谷)은 연(燕) 상곡군(上谷郡)이자 연장성(燕長城) 서단(西端)이다.

6) 한서지리지(漢書地理志) 탁군(涿郡) 편(篇)에 의하면 역수(易水)의 발원지(發源地)는 고안현(故安縣)이다.

   연장성(燕長城) 서단(西端)은 한(漢) 상곡군(上谷郡)이 아니라 탁군(涿郡)에 속했다.

7) 반면, 한(漢) 상곡군(上谷郡) 군치(郡治)는 저양현(沮陽縣)이다.

   한(漢)이 연장성(燕長城) 북쪽 흉노(匈奴)의 영토에 상곡군(上谷郡) 군치(郡治) 저양현(沮陽縣)을 설치한 이후, 조양(造陽)은 역사속으로 사라졌다.

   조양(造陽)과 저양(沮陽)은 위치와 명칭이 다름에도 불구하고 후대(後代)의 사가(史家)들이 저양현(沮陽縣)을 연장성(燕長城) 서단(西端) 조양(造陽)으로 오인했다.

진장성동단(晉長城東端)은 연(燕)의 양평현(襄平縣)을 방어하던

요동고새(遼東故塞) 동단(東端) 류현(絫縣) 갈석산(碣石山)이다.

진서지리지(晉書地理志) 유주(幽州) 편(篇)에 의하면

진(晉) 유주(幽州)는 7개의 군국(郡國)으로 구성되어 있는데 호(戶)는 59,200이다.

7개의 군국(郡國) 중 가장 동쪽에 위치한 요서군(遼西郡)의 속현(屬縣)은

양락현(陽樂縣) · 비여현(肥如縣) · 해양현(海陽縣)이며, 호(戶)는 2,800이다.

요서군(遼西郡) 서쪽에는 북평군(北平郡)이 접(接)해 있는데

3개의 속현(屬縣)에 호(戶)는 5,000이다.

진서지리지(晉書地理志) 평주(平州) 편(篇)에 의하면

진(晉) 평주(平州)는 5개의 군국(郡國)으로 구성되어 있는데 호(戶)는 18,100이다.

5개의 군국(郡國) 중 낙랑군(樂浪郡)의 속현(屬縣)은 조선현(朝鮮縣) · 둔유현(屯有縣) ·

혼미현(渾彌縣) · 수성현(遂城縣) · 누방현(鏤方縣) · 사망현(駟望縣)이며, 호(戶)는

3,700이다.

그 중 수성현(遂城縣)은 진(秦)이 쌓은 장성(長城)이 시작된 곳으로 기록되어 있다.

진서(晉書) 권70 열전(列傳) 당빈(唐彬) 편(篇)에 의하면

北虜侵掠北平 以彬為使持節 監幽州諸軍事 領護烏丸校尉 右將軍

於是鮮卑二部大莫庾 擿何等並遣侍子入貢 遂開拓舊境 卻地千里 復秦長城塞

自溫城洎 于碣石 縣亙山谷且三千里 分軍屯守 烽堠相望

북로(北虜)가 북평(北平)을 침략하니 당빈(以彬)을 사지절(使持節) 감유주제군사

(監幽州諸軍事) 영호오환교위(領護烏丸校尉) 우장군(右將軍)으로 삼았다. 그리하여

선비2부(鮮卑二部) 대모외(大莫庾)와 척하(擿何) 등이 인질을 보내 입공(入貢)했다.

마침내 옛 영토를 개척하였고 천리(千里)의 땅을 확보했다. 진장성(秦長城)과

새(塞)를 복구(復舊)했는데 온성(溫城)에서 갈석(碣石)까지 산과 골짜기가 이어지는

3,000리(里)에 군(軍)을 나누어 지키게 하고 봉후(烽堠)를 서로 바라보게 했다.

1) 촉(蜀)과 오(吳)를 멸망시키면서 고중국(古中國)을 통일한 진(晉)의 동북방에는 유주(幽州)와 평주(平州)가 위치했다.

2) 진(晉) 평주(平州) 낙랑군(樂浪郡) 수성현(遂城縣)에는 만리장성동단(萬里長城東端)이 위치한다.

3) 연장성(燕長城)은 연(燕)의 상곡(上谷)에서 출발하여 연(燕) 양평현(襄平縣) 북쪽까지 축성(築城)된 장성(長城)이다.

   한편, 만리장성(萬里長城)은 연(燕) 양평현(襄平縣) 북쪽 연장성동단(燕長城東端)에서 동쪽으로 연장되어 대요수(大遼水) 서쪽 임유현(臨楡縣) 갈석산(碣石山)까지 축성(築城)된 장성(長城)이다.

4) 북로(北虜)가 침략한 진(晉) 북평군(北平郡)은 5,000호(戶)에 불과했으며, 연요동(燕遼東)에 설치된 요서군(遼西郡)은 2,800호(戶)에 불과했다.

   진(晉) 낙랑군(樂浪郡)이 설치된 진요동(秦遼東)에는 형식적으로 진(晉)의 군현(郡縣)들이 설치되었지만, 선비족(鮮卑族)이 거주하고 있었다.

   이러한 상황에서 당빈(以彬)이 진(晉) 북평군(北平郡) 북쪽 천리(千里)의 땅을 확보했다 하더라도, 노룡새(盧龍塞) 북쪽 지배력이 강화된 것일 뿐 진요동(秦遼東)에는 영향이 없다.

   당빈(以彬)은 옛 장성(長城)과 새(塞)를 복구한 것으로 새로운 장성(長城)과 새(塞)를 축성(築城)한 것은 아니다.

   당빈(以彬)이 복구한 북쪽 장성(長城)은 연장성(燕長城)이며, 당빈(以彬)이 복구한 동쪽 새(塞)는 요동고새(遼東故塞)이다.

5) 같은 장성(長城)이면서도 연장성동단(燕長城東端)은 양평(襄平)으로, 진장성동단(晉長城東端)은 갈석(碣石)으로 기록된 이유는 연(燕) 양평(襄平)에서 동남쪽 방향으로 축성(築城)된 요동고새(遼東故塞)를 진장성(晉長城)에 포함시켰기 때문이다.

진(晉) 낙랑군(樂浪郡)은 고중국(古中國)의 사민(徙民) 정책으로 진요동(秦遼東)에
설치된 교치(僑置)에 가까운 군(郡)이며, 설치 목적은 고구려(高句麗)가 AD 37년 이후
점유하고 있는 낙랑(樂浪) 땅에 대한 연고권 때문이다.
진(晉) 대방군(帶方郡)도 대요수(大遼水) 서쪽 진요동(秦遼東)에 위치한다.

한서지리지(漢書地理志) 낙랑군(樂浪郡) 편(篇)에 의하면

전한낙랑군(前漢樂浪郡)은 25개 현(縣)에 인구수는 62,812호(戶)이다.

후한서군국지(後漢書郡國志) 낙랑군(樂浪郡) 편(篇)에 의하면

후한낙랑군(後漢樂浪郡)은 18개 현(縣)에 인구수는 61,492 호(戶)이다.

삼국사기(三國史記) 고구려본기(高句麗本紀)에 의하면

AD 44년, 대무신왕(大武神王) 27년
漢光武帝 遣兵渡海伐樂浪 取其地爲郡縣 薩水已南屬漢
한(漢) 광무제(光武帝)가 군사를 보내 해(海)를 건너 낙랑(樂浪)을 정벌했으며,
그 땅을 취해 군현(郡縣)을 설치했다. 살수(薩水) 이남이 한(漢)에 속(屬)했다.

진서지리지(晉書地理志) 평주(平州) 낙랑군(樂浪郡) 편(篇)에 의하면

樂浪郡 漢置 統縣六 戶三千七百 朝鮮 周封箕子地 屯有 渾彌 遂城
秦築長城之所起 鏤方 駟望
낙랑군(樂浪郡), 한(漢)이 설치했다. 6개의 현(縣)을 다스린다. 호(戶)는 3,700이다.
조선현(朝鮮縣)<주(周)가 기자(箕子)를 봉(封)한 땅이다. >, 둔유현(屯有縣),
혼미현(渾彌縣), 수성현(遂城縣)<진(秦)이 축성(築城)한 장성(長城)이 시작된 곳이다>,
누방현(鏤方縣), 사망현(駟望縣)이 있다.

진서지리지(晉書地理志) 평주(平州) 대방군(帶方郡) 편(篇)에 의하면

帶方郡 公孫度置 統縣七 戶四千九百 帶方 列口 南新 長岑 提奚 含資 海冥
대방군(帶方郡), 공손도(公孫度)가 설치했다. 7개의 현(縣)을 다스린다.
호(戶)는 190이며, 대방현(帶方縣), 열구현(列口縣), 남신현(南新縣), 장잠현(長岑縣),
제해현(提奚縣), 함자현(含資縣), 해명현(海冥縣)이 있다.

1) 전한낙랑군(前漢樂浪郡)과 후한낙랑군(後漢樂浪郡)의 인구수를 살펴보면, 일반적인 군(郡)이다.

2) 대요수(大遼水) 동쪽에 접(接)한 전한낙랑군(前漢樂浪郡)은 고구려(高句驪)에 의해 AD 37년에 멸망했으며, 후한낙랑군(後漢樂浪郡)은 후한(後漢) 광무제(光武帝)가 AD 44년에 동쪽으로 도망간 낙랑(樂浪)을 정벌한 후, 임둔(臨屯) 땅에 설치한 고중국(古中國)의 두 번째 낙랑군(樂浪郡)이다.

3) 진(晉) 낙랑군(樂浪郡)은 대요수(大遼水) 서쪽에 위치한 고중국(古中國)의 다섯 번째 낙랑군(樂浪郡)이다.

'낙랑군(樂浪郡) 수성현(遂城縣)은 진(秦)이 축성(築城)한 장성(長城)의 시작점'이라는 기록에서 알 수 있듯이 진(晉) 낙랑군(樂浪郡)은 요동(遼東) 땅, 즉 대요수(大遼水) 서쪽 진요동(秦遼東)에 위치했다.

진(晉) 대방군(帶方郡)도 대요수(大遼水) 서쪽 진요동(秦遼東)에 위치했다.

4) 진(晉) 낙랑군(樂浪郡)의 인구는 전한낙랑군(前漢樂浪郡) 및 후한낙랑군(後漢樂浪郡)의 6 % 수준에 불과하며, 진(晉) 대방군(帶方郡) 또한 190호(戶)에 불과하다.

진(晉)의 낙랑군(樂浪郡)과 대방군(帶方郡)은 교치(僑置)에 가까운 사민(徙民) 정책으로 설치된 군(郡)이다.

5) 고중국(古中國)이 진(晉) 낙랑군(樂浪郡)을 유지한 이유는 AD 37년, 고구려(高句麗)가 영토로 편입한 낙랑(樂浪) 땅에 대한 연고권 때문이다.

위서지형지(魏書地形志) 영주(營州) 편(篇)에 의하면 북위(北魏) 또한 영주(營州)에 낙랑군(樂浪郡)을 유지했으며, 현(現) 하북성(河北省) 보정시(保定市)로 영주(營州)를 옮겨 남영주(南營州)를 설치하면서도 낙랑군(樂浪郡)을 유지했다.

이후, 북제(北齊)가 낙랑군(樂浪郡)을 창려군(昌黎郡)에 통합시켰으며, 고중국(古中國)을 세 번째로 통일한 수(隋)는 창려군(昌黎郡)을 승계(承繼)하면서 낙랑군(樂浪郡)의 속현(屬縣)이었던 수성현(遂城縣)을 교치(僑置)시켰다.

만리장성동단(萬里長城東端)이 위치한 대요수(大遼水) 서쪽 일대는
고구려(高句驪)가 멸망할 당시 고구려(高句驪)의 영토였다.

진서지리지(晉書地理志) 평주(平州) 낙랑군(樂浪郡) 편(篇)에 의하면

遂城 秦築長城之所起
수성현(遂城縣)<진(秦)이 축성(築城)한 장성(長城)이 시작된 곳이다>

수경주(水經注) 유수(濡水) 편(篇)에 의하면

濡水又東南至絫縣碣石山.
유수(濡水)는 또한 동남쪽으로 흘러 류현(絫縣) 갈석산(碣石山)에 이른다.

수서지리지(隋書地理志) 북평군(北平郡) 노룡현(盧龍縣) 편(篇)에 의하면

盧龍 有長城 有關官 有臨渝宮 有覆舟山 有碣石
노룡현(盧龍縣)<장성(長城)이 있다. 관관(關官)이 있다. 임유궁(臨渝宮)이 있다.
복주산(覆舟山)이 있다. 갈석(碣石)이 있다>

신당서지리지(新唐書地理志) 평주(平州) 북평군(北平郡) 편(篇)에 의하면

盧龍 本肥如 武德二年更名 石城 中本臨渝 有臨渝關 一名臨閭關 有大海關
有碣石山
노룡현(盧龍縣)<본래 비여현(肥如縣)이다. 무덕(武德) 2년에 이름을 바꾸었다>
석성현(石城縣)<본래 임유현(臨渝縣)이다. 임유관(臨渝關)이 있는데 일명
임려관(臨閭關)이라고도 한다. 대해관(大海關)이 있다. 갈석산(碣石山)이 있다>

통전(通典) 권178 주군(州郡) 8 고기주(古冀州) 편(篇)에 의하면

盧龍 漢肥如縣有碣石山 碣然而立 在海旁 故名之 晉太康地志云 秦築長城
所起自碣石 在今高麗舊界 非此碣石也
노룡현(盧龍縣)은 한(漢) 비여현(肥如縣)으로 갈석산(碣石山)이 있다.
바닷가에 우뚝 솟아 있으므로 그 이름을 얻었다. 진태강지지(晉太康地志)에서
이르기를 '진(秦)이 축성(築城)한 장성(長城)은 갈석(碣石)에서 시작되었다'고 했는데,
고구려(高句麗)의 옛 영토에 있으며 이 갈석(碣石)이 아니다.

1) 진(晉) 낙랑군(樂浪郡)은 만리장성동단(萬里長城東端)이 위치한 대요수(大遼水) 서쪽 진요동(秦遼東)에 위치했다.

2) AD 313 ~ 314년, 고구려(高句驪) 미천왕(美川王)은 대요수(大遼水) 서쪽에 위치한 진(晉) 낙랑군(樂浪郡)과 대방군(帶方郡)을 멸망시켰다.

이후, 고구려(高句驪)가 멸망할 때까지 만리장성동단(萬里長城東端)이 위치한 임유현갈석산(臨渝縣碣石山) 일대는 고구려(高句驪)의 영토였다.

이러한 이유로 고중국(古中國)의 학자들은 진시황(秦始皇)의 갈석산(碣石山)인 임유현갈석산(臨渝縣碣石山)을 부각시킬 수 없었다.

전통적으로 고중국(古中國)의 동북방 한계를 상징했던 갈석(碣石)은 유수(濡水) 하류에 위치한 류현갈석산(絫縣碣石山)이며, 고중국(古中國)의 갈석(碣石)에 대한 기록은 대부분 류현갈석산(絫縣碣石山)에 관한 것이다.

3) 수(隋) 시기, 만리장성동단(萬里長城東端) 일대는 고구려(高句驪)의 영토였으며, 노룡현갈석산(盧龍縣碣石山)은 류현갈석산(絫縣碣石山)을 지칭(指稱)하는 것이다.

4) 수경주(水經注) 유수(濡水) 편(篇)에 의하면 유수(濡水)는 비여현(肥如縣)을 지난 후 류현갈석산(絫縣碣石山)에 이른다.

수경주(水經注)에는 류현갈석산(絫縣碣石山)이 위치한 창해(滄海)에 보이는 산(山)이 많다면서, '한(漢) 시기, 해수(海水)가 일어나 땅을 삼킨 곳이 넓으니 마땅히 갈석(碣石)도 물결이 삼켰을 것'이라고 기록되어 있다.

바닷가에 우뚝 솟아 있는 갈석산(碣石山)이 류현갈석산(絫縣碣石山)인 것이다.

5) 두우(杜佑)는 진태강지지(晉太康地志)를 인용하여 통전(通典)에 '진(秦)이 축성(築城)한 장성(長城)은 갈석산(碣石山)에서 시작되었다'고 기록했다.

또한 그 갈석산(碣石山)은 노룡현갈석산(盧龍縣碣石山)이 아니라 고구려(高句麗)의 옛 영토, 즉 진요동(秦遼東)에 위치한 갈석산(碣石山)이라고 분명하게 밝혔다.

고중국(古中國) 영토의 동북쪽 한계가

요수(遼水)에 이르렀을 때의 갈석은 여성현(驪成縣) 대갈석(大揭石)이고,

패수(浿水)가 한계였을 때의 갈석은 류현(絫縣) 갈석(揭石)이며,

대요수(大遼水)가 한계였을 때의 갈석은 임유현(臨渝縣) 갈석(碣石)이다.

한서지리지(漢書地理志) 우북평군(右北平郡) 편(篇)에 의하면

驪成 大揭石山在縣西南
여성현(驪成縣), 대갈석산(大揭石山)이 현(縣)의 서남쪽에 있다.

한서지리지(漢書地理志) 요서군(遼西郡) 편(篇)에 의하면

絫 下官水南入海 又有揭石水 賓水 皆南入官
류현(絫縣), 하관수(下官水)는 남쪽으로 흘러 입해(入海)한다.
또한 갈석수(揭石水)와 빈수(賓水)가 있는데 모두 남쪽으로 관수(官水)로 들어간다.

신당서지리지(新唐書地理志) 평주(平州) 북평군(北平郡) 편(篇)에 의하면

盧龍 本肥如 武德二年更名 石城 中本臨渝 有臨渝關 一名 臨閭關 有大海關
有碣石山
[노룡현(盧龍縣)] 본래 비여현(肥如縣)이다. 무덕(武德) 2년에 이름을 바꾸었다.
[석성현(石城縣)] 본래 임유현(臨渝縣)이다. 임유관(臨渝關)이 있는데 일명(一名)
임려관(臨閭關)이라고 한다. 대해관(大海關)이 있다. 갈석산(碣石山)이 있다.

통전(通典) 권186 변방(邊防) 2 동이(東夷) 고구려(高句麗) 편(篇)에 의하면

碣石山在漢樂浪郡遂成縣 長城起於此山 今驗長城東截遼水而入高麗 遺址猶存
按尙書云 夾右碣石入於河 右碣石即河赴海處 在今北平郡南二十餘里
則高麗中為左碣石
갈석산(碣石山)은 한(漢) 낙랑군(樂浪郡) 수성현(遂成縣)에 있다.
장성(長城)이 갈석산(碣石山)에서 시작되었다. 장성(長城)이 동쪽으로 요수(遼水)를
끊고 고구려(高句麗)로 들어간 흔적이 아직도 남아 있다.
상서(尙書)에 '갈석(碣石)을 우(石)로 끼고 하(河)로 들어간다'고 기록되었는데,
우갈석(右碣石)은 하(河)가 해(海) 근처에 다다르는 곳으로 지금의 북평군(北平郡) 남쪽
20여리(餘里)에 있다. 그러므로 고구려(高句麗)에 있는 것은 좌갈석(左碣石)이다.

1) 한(漢) 시기의 학자들은 '大'를 사용하고 '揭'과 '碣'로 '갈'의 한자(漢字) 표기를 다르게 하면서 3개의 갈석을 구분했다.

2) 하(河)가 해(海) 근처에 다다르는 곳의 갈석(碣石)은 우갈석(右碣石)이다.

　　수(隋) 노룡현(盧龍縣) 갈석산(碣石山)과 당(唐) 평주(平州) 갈석(碣石)은 모두 우갈석(右碣石)이다.

3) 장성(長城)이 시작된 갈석산(碣石山)은 좌갈석(左碣石)으로 고구려(高句麗)의 영토 내(內)에 있으며, 좌갈석(左碣石)은 임유현갈석산(臨渝縣碣石山)을 지칭(指稱)한다.

　　참고로 좌(左)는 동방(東方)을 의미하며, 좌갈석(左碣石)은 우갈석(右碣石)보다 동쪽에 위치한다.

4) 구당서지리지(舊唐書地理志) 평주(平州) 편(篇)과 신당서지리지(新唐書地理志) 평주(平州) 북평군(北平郡) 편(篇)에 기록되어 있는 임유현(臨渝縣)은 연요동(燕遼東)에 재건된 후한임유현(後漢臨渝縣)이다.

　　따라서 신당서지리지(新唐書地理志) 평주(平州) 북평군(北平郡) 편(篇)에 기록된 임유관(臨渝關) 또한 행정명(行政名)만 차용한 것이며, 갈석산(碣石山) 또한 류현갈석산(絫縣碣石山)을 지칭(指稱)한다.

5) 통전(通典)의 저자 두우(杜佑)는 진태강지지(晉太康地志)를 인용하였음에도 불구하고 만리장성(萬里長城)의 기점(起點)을 한(漢) 낙랑군(樂浪郡) 수성현(遂城縣)으로 오기(誤記)했다.

　　진태강지지(晉太康地志)를 인용하였으므로 한(漢) 낙랑군(樂浪郡)을 진(晉) 낙랑군(樂浪郡)으로 정정해야 한다.

6) 태강지지(太康地志)는 '진(晉) 태강(太康) 연간〈AD 280 ~ 289년〉'의 지리지이며, '진(晉) 태강(太康) 연간'은 진(晉)이 가장 강성했을 때이다.

　　서진(西晉)의 무제(武帝) 사마염(司马炎)이 위(魏)·촉(蜀)·오(吳)로 분열된 고중국(古中國)을 통일한 직후에 개원한 연호(年號)이다.

고중국(古中國) 영토의 동북쪽 한계가 요수(遼水)였을 때의 동쪽 관문은
유관(楡關)이고, 패수(浿水)가 한계였을 때의 동쪽 관문은 유림관(楡林關)이며,
대요수(大遼水)가 한계였을 때의 동쪽 관문은 임유관(臨渝關)이다.

염철론(鹽鐵論) 권9 험고(險固) 편(篇)에 의하면

燕塞碣石 絶邪谷 繞援遼[中略]邦國之固 而山川社稷之寶也
연(燕)은 갈석(碣石)으로 막혀 있고, 사곡(邪谷)으로 단절(斷絶)되어 있으며,
요수(遼水)로 둘러 쌓여있다. … [중략] …
국가를 지킬 수 있게 하니 산천(山川)은 사직(社稷)의 보배이다.

사마정(司馬貞)의 저서인 사기색은(史記索隱)에 의하면

옛 유관(楡關)은 번융(蕃戎)을 제(制)하여 요해(要害)에 웅거(雄據)해 있는 형세(形勢)가
실로 유주(幽州)와 평주(平州) 사이 천험(天險)이라 할 수 있다.

사기(史記) 권115 조선열전(朝鮮列傳)에 의하면

使馭刺殺送何者 朝鮮裨王長 即渡 馳入塞 [正義: 入平州楡林關也]
섭하(涉何)는 수레를 끄는 사람을 시켜 전송하던 조선(朝鮮)의 비왕(裨王) 장(長)을
죽이고, 즉시 말을 달려 패수(浿水)를 건너 새(塞)로 들어갔다.
[정의(正義): 평주(平州) 유림관(楡林關)으로 들어갔다.]

통전(通典) 권186 변방(邊防) 2 동이(東夷) 고구려(高句麗) 편(篇)에 의하면

長城東截遼水而入高麗 遺址猶存 按尚書云 夾右碣石入於河
右碣石即河赴海處 在今北平郡南二十餘里 則高麗中為左碣石
장성(長城)이 동쪽으로 요수(遼水)를 끊고 고구려(高句麗)로 들어간 흔적이
아직도 남아 있다. 상서(尚書)에 '갈석(碣石)을 우(右)로 끼고 하(河)로 들어간다'고
기록되었는데, 우갈석(右碣石)은 하(河)가 해(海) 근처에 다다르는 곳으로
지금의 북평군(北平郡) 남쪽 20여 리(餘里)에 있다.
그러므로 고구려(高句麗)에 있는 것은 좌갈석(左碣石)이다.

1) 염철론(鹽鐵論) 험고(險固) 편(篇)에 의하면 요수(遼水) 서쪽에 '갈석(碣石)으로 막혀 있고, 사곡(邪谷)으로 단절(斷絶)된 자연(自然) 방어선(防禦線)'이 있다.

이 자연(自然) 방어선(防禦線)의 관문은 사기색은(史記索隱)에 기록된 유주(幽州)와 평주(平州) 사이 천험(天險)인 유관(楡關)이다.

고중국(古中國) 영토의 동북쪽 한계가 요수(遼水)였을 때, 유관(楡關)이 고중국(古中國)의 동쪽 관문이었다.

2) 사마정(司馬貞)은 당(唐) 시기의 학자이다.

사기(史記) 조선열전(朝鮮列傳)에 주석을 단 사기정의(史記正義)의 저자 장수절(張守節) 또한 당(唐) 시기의 학자로 '패수(浿水)에서 서쪽으로 말을 달려 들어간 곳은 유림관(楡林關)'이라고 기록했다.

고중국(古中國) 영토의 동북쪽 한계가 패수(浿水)였을 때, 유림관(楡林關)이 고중국(古中國)의 동쪽 관문이었다.

[고조선 패수(浿水)]는 당(唐) 평주(平州)의 동쪽 경계이다.

3) 진(秦)의 진요동(秦遼東) 편입으로 고중국(古中國)의 동쪽 한계가 잠시 대요수(大遼水)로 이동했기 때문에 대요수(大遼水) 서쪽 인접(隣接)한 곳에 고중국(古中國)의 새로운 갈석산(碣石山)과 새로운 동쪽 관문이 위치해야 한다.

고구려(高句麗) 영토에 위치한 좌갈석(左碣石)과 만리장성동단(萬里長城東端) 임유현(臨渝縣)의 임유관(臨渝關)은 [고대 한국] 땅에 위치한 진시황(秦始皇)의 갈석산(碣石山)과 새로운 동쪽 관문이다.

임유현(臨渝縣)은 유수(渝水)를 내려다보는 현(縣)이라는 뜻이며, 수경주(水經注)에 의하면 유수(渝水)는 대요수(大遼水) 서쪽에 인접(隣接)하여 흐르고 있다.

고중국(古中國) 영토의 동북쪽 한계가 대요수(大遼水)였을 때, 임유관(臨渝關)이 고중국(古中國)의 동쪽 관문이었다.

전한낙랑군(前漢樂浪郡)의 서쪽 한계는 대요수(大遼水)가 남쪽으로 흘러
입해(入海)한 낙랑서해(樂浪西海)이다.
고조선(古朝鮮) 멸망 후, 한(漢)과 고조선(古朝鮮) 간(間) 국경인 패수(浿水)는
조선현(朝鮮縣)의 하천명(河川名)으로 격하(格下)되었다.

학설 17)에 의하면

한(漢)은 낙랑(樂浪) 땅 북부 지역의 서쪽 경계였던 패수(浿水)를 대요수(大遼水)로
개칭(改稱)했다.

한서지리지(漢書地理志), 낙랑군(樂浪郡) 편(篇)에 의하면

樂浪郡 武帝元封三年開 莽曰樂鮮 屬幽州 戶六萬二千八百一十二
口四十萬六千七百四十八 有雲鄣 縣二十五 朝鮮 訷邯 浿水 水西至增地入海
莽曰樂鮮亭 含資 帶水西至帶方 入海黏蟬 遂成 增地 莽曰增土 帶方 馹望
海㝠 莽曰海桓 列口 長岑 屯有 昭明 南部都尉治 鏤方 提奚 渾彌 吞列 分黎山
列水所出 西至黏蟬 入海 行八百二十里 東暆 不而 東部都尉治 蠶台 華麗 邪頭昧
前莫 夫租

낙랑군(樂浪郡), 무제(武帝) 원봉(元封) 3년(BC 108)에 시작되었다.
망(莽)은 낙선(樂鮮)이라 했다. 유주(幽州)에 속한다. 호(戶)는 62,812이고 구(口)는
406,748이다. 운장(雲鄣)이 있다. 현(縣)은 25개이다. 조선현(朝鮮縣), 염감현(訷邯縣),
패수현(浿水縣) <수(水)가 서(西)로 흘러 증지현(增地縣)에 이르러 입해(入海)한다.
망(莽)은 낙선정(樂鮮亭)이라 했다>, 함자현(含資縣) <대수(帶水)가 서(西)로 흘러
대방현(帶方縣)에 이르러 입해(入海)한다>, 점선현(黏蟬縣), 수성현(遂成縣),
증지현(增地縣) <망(莽)은 증토(增土)라 했다>, 대방현(帶方縣), 사망현(馹望縣),
해명현(海㝠縣) <망(莽)은 해환(海桓)이라 했다>, 열구현(列口縣), 장잠현(長岑縣),
둔유현(屯有縣), 소명현(昭明縣) <남부도위(南部都尉)가 다스린다>, 누방현(鏤方縣),
제해현(提奚縣), 혼미현(渾彌縣), 탄열현(吞列縣) <분려산(分黎山)에서 열수(列水)가
나와 서(西)로 흘러 점선현(黏蟬縣)에 이르러 입해(入海)한다. 820리를 흐른다>,
동이현(東暆縣), 부이현(不而縣) <동부도위(東部都尉)가 다스린다>, 잠태현(蠶台縣),
화려현(華麗縣), 사두매현(邪頭昧縣), 전막현(前莫縣), 부조현(夫租縣)이 있다.

1) 한(漢)은 행정구역(行政區域)을 개편하면서 낙랑(樂浪) 땅 북부 지역의 서쪽 경계 인 패수(沛水)를 대요수(大遼水)로 개칭(改稱)했다.

2) 패수(浿水) · 대수(帶水) · 열수(列水)가 서쪽으로 흘러 입해(入海)한 해(海)는 대요 수(大遼水)가 남쪽으로 흘러 입해(入海)한 해(海)와 동일(同一)하다.

   이하 낙랑서해(樂浪西海)라 칭(稱)한다.

3) 낙랑군(樂浪郡) 25개 속현(屬縣) 중 18개 속현(屬縣)은 패수(浿水) · 대수(帶水) · 열 수(列水)가 서쪽으로 흐르는 동고서저(東高西低)의 낙랑(樂浪) 땅에 위치했으며, 영동(領東) 7현(縣)인 동이현(東暆縣) · 부이현(不而縣) · 잠태현(蠶台縣) · 화려현(華 麗縣) · 사두매현(邪頭昧縣) · 전막현(前莫縣) · 부조현(夫租縣)은 단단대령(單單大 嶺) 동쪽 임둔(臨屯) 땅에 위치했다.

   따라서 낙랑서해(樂浪西海) 서쪽에 위치한 현(縣)은 없으며, 낙랑서해(樂浪西海)가 전한낙랑군(前漢樂浪郡) 서쪽 한계이다.

   임둔(臨屯) 땅에 설치된 영동(領東) 7현(縣)은 AD 30년에 모두 독립했다.

   한서지리지(漢書地理志)는 AD 2년의 기록이므로 영동(領東) 7현(縣)이 수록되어 있는 것이다.

4) 패수현(浿水縣)에서 시작된 패수(浿水)가 서쪽으로 흘러 조선현(朝鮮縣)을 지나 증 지현(增地縣)에 이르러 입해(入海)한다.

   한(漢)이 고조선(古朝鮮)의 영토에 군현(郡縣)들을 설치하면서, 조선(朝鮮)이라는 국명을 조선현(朝鮮縣)이라는 일개(一介) 현명(縣名)으로 격하(格下)시켰다.

   더불어 한(漢)과 고조선(古朝鮮) 간(間) 국경인 패수(浿水)를 조선현(朝鮮縣)의 하천 명(河川名)으로 격하(格下)시켰다.

   게다가 패수(浿水)를 조선현(朝鮮縣)의 하천명(河川名)으로 고정시키기 위해 패수 (浿水)의 발원지(發源地)를 패수현(浿水縣)이라 칭(稱)했다.

전한요동군(前漢遼東郡) 양평현(襄平縣)과

전한낙랑군(前漢樂浪郡) 조선현(朝鮮縣)은 가까이에 위치해 있었다.

그 거리는 후한(後漢) 기준척(基準尺)으로 500리(里) 전후(前後)이다.

한서지리지(漢書地理志), 낙랑군(樂浪郡) 편(篇)에 의하면

樂浪郡 屬幽州 戶六萬二千八百一十二 口四十萬六千七百四十八 有雲鄣

縣二十五 朝鮮 詡邯 浿水 水西至增地入海 莽曰樂鮮亭 含資 帶水西至帶方

入海 黏蟬 遂成 增地 莽曰增土 帶方 駟望 海冥 莽曰海桓 列口 長岑 屯有 昭明

南部都尉治 鏤方 提奚 渾彌 吞列 分黎山 列水所出 西至黏蟬 入海 行八百二十里

東暆 不而 東部都尉治 蠶台 華麗 邪頭昧 前莫 夫租

낙랑군(樂浪郡), 유주(幽州)에 속한다. 호(戶)는 62,812이고 구(口)는 406,748이다.

운장(雲鄣)이 있다. 현(縣)은 25개이다. 조선현(朝鮮縣), 염감현(詡邯縣),

패수현(浿水縣) <수(水)가 서(西)로 흘러 증지현(增地縣)에 이르러 입해(入海)한다.

망(莽)은 낙선정(樂鮮亭)이라 했다>, 함자현(含資縣) <대수(帶水)가 서(西)로 흘러

대방현(帶方縣)에 이르러 입해(入海)한다>, 점선현(黏蟬縣), 수성현(遂成縣),

증지현(增地縣) <망(莽)은 증토(增土)라 했다>, 대방현(帶方縣), 사망현(駟望縣),

해명현(海冥縣) <망(莽)은 해환(海桓)이라 했다>, 열구현(列口縣), 장잠현(長岑縣),

둔유현(屯有縣), 소명현(昭明縣) <남부도위(南部都尉)가 다스린다>, 누방현(鏤方縣),

제해현(提奚縣), 혼미현(渾彌縣), 탄열현(吞列縣) <분려산(分黎山)에서 열수(列水)가

나와 서(西)로 흘러 점선현(黏蟬縣)에 이르러 입해(入海)한다. 820리를 흐른다>,

동이현(東暆縣), 부이현(不而縣) <동부도위(東部都尉)가 다스린다>, 잠태현(蠶台縣),

화려현(華麗縣), 사두매현(邪頭昧縣), 전막현(前莫縣), 부조현(夫租縣)이 있다.

후한서(後漢書) 권76 순리열전(循吏列傳) 왕경전(王景傳)에 의하면

AD 25년, 건무(建武) 1년, 왕조(王調)가 낙랑군(樂浪郡) 군수(郡守) 유헌(劉憲)을 죽이고

스스로를 대장군(大將軍) 낙랑태수(樂浪太守)라 칭(稱)했다.

AD 30년, 건무(建武) 6년, 광무제(光武帝)는

왕조(王調)를 토벌하기 위하여 태수(太守) 왕준(王遵)을 보냈는데

요동(遼東)에 이르자 왕굉(王閎)은 왕조(王調)를 죽이고 왕준(王遵)을 맞이했다.

1) 전한요동군(前漢遼東郡) 양평현(襄平縣)은 낙랑(樂浪) 땅 서북부 지역에 설치되었으며, 서쪽으로 대요수(大遼水)에 접(接)해 있었다.

2) 전한낙랑군(前漢樂浪郡) 조선현(朝鮮縣)은 낙랑(樂浪) 땅 동부 지역에 설치되었으며, 사기(史記) 조선열전(朝鮮列傳)의 전쟁 기록에 의하면 서쪽으로 대요수(大遼水)가 입해(入海)한 낙랑서해(樂浪西海)까지 그리 멀지 않았다.

3) AD 37년, 낙랑서해(樂浪西海) 동쪽에 접(接)해 있던 전한낙랑군(前漢樂浪郡)은 고구려(高句麗)에 의해 멸망했다.

   후한서(後漢書) 순리열전(循吏列傳) 왕경전(王景傳)에 기록된 낙랑군(樂浪郡)은 AD 25 ～ 30년의 전한낙랑군(前漢樂浪郡)이다.

4) AD 25년, 왕조(王調)가 유헌(劉憲)을 죽이고 스스로를 낙랑태수(樂浪太守)라 칭(稱)하자, AD 30년인 건무(建武) 6년, 광무제(光武帝)는 왕조(王調)를 토벌하기 위해 왕준(王遵)을 보냈다.

   왕준(王遵)이 요동(遼東)에 이르자 왕굉(王閎)은 왕조(王調)를 죽이고 왕준(王遵)을 맞이했다.

   '요동(遼東)에 이르렀다'는 것은 '요동군(遼東郡) 군치(郡治) 양평현(襄平縣)에 이르렀다'는 의미이다.

   낙랑군(樂浪郡) 조선현(朝鮮縣) 사람들은 왕조(王調)가 유헌(劉憲)을 죽인 사건의 수습책으로 스스로를 낙랑태수(樂浪太守)라 칭(稱)한 왕조(王調)를 죽이고 왕준(王遵)을 맞이하는 길을 택했던 것이다.

5) 낙랑(樂浪) 땅을 남북으로 나누어 설치한 전한요동군(前漢遼東郡)과 전한낙랑군(前漢樂浪郡)은 접(接)해 있었으며, 접(接)해 있는 두 군(郡)의 군치(郡治)는 서로 멀리 떨어져 있을 수 없다.

   후한(後漢) 기준척(基準尺)으로 500리(里) 전후(前後)라는 주장은 동북아고대사정립 4권에서 논증될 것이며, 수학적 분석의 결과이다.

전한낙랑군(前漢樂浪郡)은 낙랑서해(樂浪西海)와 단단대령(單單大領) 사이에
위치했고, 후한낙랑군(後漢樂浪郡)은 단단대령(單單大領) 동쪽에 위치했다.
후한낙랑군(後漢樂浪郡)과 고구려(高句驪)는 살수(薩水)를 국경으로 남북으로
영토를 접(接)했다.

삼국사기(三國史記) 고구려본기(高句麗本紀)에 의하면

AD 32년, 대무신왕(大武神王) 15년
고구려(高句驪)가 최리(崔理)의 낙랑국(樂浪國)을 멸망시켰다.

AD 37년, 대무신왕(大武神王) 20년
王襲樂浪 滅之.
왕(王)이 낙랑(樂浪)을 습격하여 멸망시켰다.

AD 44년, 대무신왕(大武神王) 27년
漢光武帝 遣兵渡海伐樂浪 取其地爲郡縣 薩水已南屬漢
한(漢) 광무제(光武帝)가 군사를 보내 해(海)를 건너 낙랑(樂浪)을 정벌하였고, 정벌한
땅을 취해 군현(郡縣)을 설치했다. 살수(薩水) 이남이 한(漢)에 속(屬)했다.

AD 55년, 태조대왕(太祖大王) 3년
고구려(高句麗)는 요서(遼西)에 10개의 성(城)을 쌓아 후한(後漢)의 침입에 대비했다.

AD 56년, 태조대왕(太祖大王) 4년
伐東沃沮 取其土地爲城邑 拓境東至滄海 南至薩水
동옥저(東沃沮)를 정벌하여 그 땅을 취해 성읍(城邑)을 설치했다.
동으로 창해(滄海)에 이르고 남으로 살수(薩水)에 이르렀다.

후한서(後漢書) 권85 동이열전(東夷列傳) 예(濊) 편(篇)에 의하면

自單單大領已東 沃沮濊貊悉屬樂浪 後以境土廣遠 復分領東七縣
置樂浪東部都尉
단단대령(單單大領)부터 동쪽으로 옥저(沃沮), 예(濊), 맥(貊)은 모두 낙랑(樂浪)에
속했다. 그후 구역이 넓고 멀어 영동(領東) 7현(七縣)을 회복(回復)하고 나누어
낙랑동부도위(樂浪東部都尉)를 설치했다.

1) 낙랑(樂浪) 땅의 유민들이 동쪽으로 이주하여 최리(崔理)의 낙랑국(樂浪國)을 건국
   했다.

   AD 32년, 고구려(高句驪)는 최리(崔理)의 낙랑국(樂浪國)을 멸망시켰다.

2) AD 37년, 고구려(高句驪)는 낙랑군(樂浪郡)을 멸망시켰으며, 낙랑(樂浪) 땅 남부 지
   역을 고구려(高句驪)의 영토로 편입시켰다.

   고구려(高句驪)에 의해 멸망한 낙랑군(樂浪郡) 유민들은 낙랑(樂浪) 땅 동쪽 경계인
   단단대령(單單大領)을 넘어 이주하였으며, 후한(後漢)으로부터 독립했다.

   단단대령(單單大領) 동쪽은 임둔(臨屯) 땅이다.

   낙랑군(樂浪郡) 멸망 7년 전인 AD 30년까지만 해도 임둔(臨屯) 땅은 낙랑동부도
   위(樂浪東部都尉)가 통솔하던 지역으로, 낙랑군(樂浪郡) 유민들은 평화로운 정착
   이 가능하다고 판단했을 것이다.

3) AD 44년, 전한낙랑군(前漢樂浪郡) 멸망 7년 후, 후한(後漢) 광무제(光武帝)는 단단
   대령(單單大領) 동쪽 임둔(臨屯) 땅으로 이주하여 독립한 낙랑군(樂浪郡) 유민들을
   정벌하였다.

   후한(後漢) 광무제(光武帝)는 낙랑군(樂浪郡) 유민들이 새롭게 정착한 임둔(臨屯)
   땅에 낙랑군(樂浪郡)을 다시 설치했다.

   전한낙랑군(前漢樂浪郡)과 구분하기 위해 후한(後漢) 광무제(光武帝)가 단단대령
   (單單大領) 동쪽에 설치한 두 번째 낙랑군(樂浪郡)을 후한낙랑군(後漢樂浪郡)이라
   칭(稱)한다.

4) AD 55년, 고구려(高句麗) 태조대왕(太祖大王)은 진요동(秦遼東)의 일부를 영토로
   편입했고, AD 56년, 동옥저(東沃沮)를 정벌하여 그 땅을 취해 성읍(城邑)을 설치
   했다.

   이러한 과정을 거쳐 단단대령(單單大領) 동쪽에 설치된 후한낙랑군(後漢樂浪郡)과
   고구려(高句驪)는 살수(薩水)를 국경으로 남북으로 영토를 접(接)하게 되었다.

전한낙랑군(前漢樂浪郡) 군치(郡治) 조선현(朝鮮縣)과 후한낙랑군(後漢樂浪郡)
군치(郡治) 조선현(朝鮮縣)은 행정명(行政名)은 동일하지만 그 위치는 멀리 떨어져
있다.

학설 40)에 의하면

전한요동군(前漢遼東郡) 양평현(襄平縣)과
전한낙랑군(前漢樂浪郡) 조선현(朝鮮縣)은 가까이에 위치해 있었다.
그 거리는 후한(後漢) 기준척(基準尺)으로 500리(里) 전후(前後)이다.

후한서군국지(後漢書郡國志) 요동군(遼東郡) 편(篇)에 의하면

요동군(遼東郡) 군치(郡治) 양평현(襄平縣)은
낙양(洛陽) 동북(東北) 3,600리(里) 지점에 위치했다.

후한서군국지(後漢書郡國志) 낙랑군(樂浪郡) 편(篇)에 의하면

후한낙랑군(後漢樂浪郡) 군치(郡治) 조선현(朝鮮縣)은
낙양(洛陽) 동북(東北) 5,000리(里) 지점에 위치했다.

삼국사기(三國史記) 고구려본기(高句麗本紀)에 의하면

AD 44년, 대무신왕(大武神王) 27년
漢光武帝 遣兵渡海伐樂浪 取其地爲郡縣 薩水已南屬漢
한(漢) 광무제(光武帝)가 군사를 보내 해(海)를 건너 낙랑(樂浪)을 정벌하였고, 그 땅을
취해 군현(郡縣)을 설치했다. 살수(薩水) 이남이 한(漢)에 속(屬)했다.

AD 56년, 태조대왕(太祖大王) 4년
伐東沃沮 取其土地爲城邑 拓境東至滄海 南至薩水
동옥저(東沃沮)를 정벌하여 그 땅을 취해 성읍(城邑)을 설치했다.
동으로 창해(滄海)에 이르고 남으로 살수(薩水)에 이르렀다.

후한서(後漢書) 동이열전(東夷列傳) 고구려(高句麗) 편(篇)에 의하면

고구려(高句麗)는 요동(遼東) 동쪽 1,000리(里) 지점에 위치한다.

1) AD 30년까지 전한낙랑군(前漢樂浪郡) 군치(郡治) 조선현(朝鮮縣)은 대요수(大遼水) 동쪽 양평현(襄平縣)으로부터 멀리 떨어져 있지 않았다.

그러나 후한낙랑군(後漢樂浪郡) 군치(郡治) 조선현(朝鮮縣)은 대요수(大遼水) 동쪽 양평현(襄平縣)으로부터 1,400리(里) 떨어진 지점에 위치한다.

전한낙랑군(前漢樂浪郡) 조선현(朝鮮縣)과 후한낙랑군(後漢樂浪郡) 조선현(朝鮮縣)은 행정명(行政名)만 같을 뿐 위치가 전혀 다르다.

2) 후한(後漢) 광무제(光武帝)가 설치한 후한낙랑군(後漢樂浪郡)은 살수(薩水) 이남에 위치하며, 후한낙랑군(後漢樂浪郡)과 고구려(高句驪)는 AD 56년 이후 살수(薩水)를 국경으로 남북으로 영토를 접(接)했다.

3) 고구려(高句驪)는 요동(遼東) 동쪽 1,000리(里) 지점에 위치했다.

요동(遼東)의 거리 기준점은 한(漢) 요동군(遼東郡) 군치(郡治) 양평현(襄平縣)이며, 고구려(高句驪)의 거리 기준점은 고구려(高句驪)의 수도 환도성(丸都城)이다.

환도성(丸都城)은 대요수(大遼水) 동쪽 양평현(襄平縣)에서 동쪽으로 1,000리(里) 지점에 위치했다.

4) 후한낙랑군(後漢樂浪郡)과 고구려(高句驪)는 살수(薩水)를 국경으로 남북으로 영토가 접(接)해 있었다.

따라서 후한낙랑군(後漢樂浪郡) 조선현(朝鮮縣)은 대요수(大遼水) 동쪽 양평현(襄平縣)을 기준으로 환도성(丸都城)보다 더 멀리 위치해야 한다.

후한서군국지(後漢書郡國志)의 기록에 의하면 후한낙랑군(後漢樂浪郡) 조선현(朝鮮縣)은 환도성(丸都城)보다 400리(里) 더 먼 곳에 위치했다.

5) 낙랑(樂浪) 땅에 위치한 첫 번째 낙랑군(樂浪郡)인 전한낙랑군(前漢樂浪郡)과 달리 두 번째 낙랑군(樂浪郡)인 후한낙랑군(後漢樂浪郡)은 임둔(臨屯) 땅에 위치했다.

임둔(臨屯) 땅에 위치한 후한낙랑군(後漢樂浪郡)은 낙랑(樂浪) 땅에 위치한 전한낙랑군(前漢樂浪郡)보다 동쪽에 위치했다.

패수(浿水)의 위치는 낙랑(樂浪) 땅에서 흐르는 열수(列水)가

낙랑서해(樂浪西海)로 입해(入海)하는 열구(列口) 서쪽이다.

한서지리지(漢書地理志), 낙랑군(樂浪郡) 편(篇)에 의하면

吞列分黎山 列水所出 西至黏蟬 入海 行八百二十里

탄열현(吞列縣), 분려산(分黎山)에서 열수(列水)가 나와 서(西)로 흘러

점선현(黏蟬縣)에 이르러 입해(入海)한다. 820리(里)를 흐른다.

사기(史記) 권115 조선열전(朝鮮列傳)에 의하면

天子募罪人擊朝鮮 其秋 遣樓船將軍楊僕從齊浮渤海

兵五萬人左將軍荀彘出遼東 討右渠 右渠發兵距險 左將軍卒正多率遼東兵先縱

敗散 多還走 坐法斬 樓船將軍將齊兵七千人先至王險 右渠城守 窺知樓船軍少

即出城擊樓船 樓船軍敗散走 將軍楊僕失其衆 遁山中十餘日 稍求收散卒 複聚

左將軍擊朝鮮浿水西軍 未能破自前

천자(天子)는 죄인(罪人)을 모아 조선(朝鮮)을 공격했다. 그 해 가을, 누선장군

(樓船將軍) 양복(楊僕)을 파견해 제(齊)의 땅에서 출발하여 발해(渤海)를 건너게 했으며,

군사 5만명의 좌장군(左將軍) 순체(荀彘)는 요동(遼東)에서 출발하여 우거(右渠)를

공격하게 했다. 우거(右渠)는 군대를 징발하여 험한 곳에서 맞섰다. 좌장군(左將軍)의

졸정(卒正) 다(多)는 요동(遼東)의 군사를 거느리고 먼저 공격했으나 패해 흩어졌다.

다(多)는 돌아왔으나 군법에 따라 목이 잘렸다. 누선장군(樓船將軍)은 제(齊)의 군사

7천여 명을 이끌고 먼저 왕험(王險)에 이르렀다. 우거(右渠)가 성(城)을 지키고 있다가

누선(樓船)의 군사가 적음을 염탐해 알아내고는 즉시 성(城)을 나와 누선(樓船)을

공격하니 누선(樓船)의 군사들은 패하여 흩어져 달아났다.

樓船將軍亦坐兵至洌口 當待左將軍 擅先縱 失亡多 當誅 贖為庶人

누선장군(樓船將軍)은 군대가 열구(洌口)에 이르렀을 때 좌장군(左將軍)을 기다렸어야

했는데, 멋대로 먼저 공격하다가 군사를 많이 잃은 죄는 죽는 것이 당연했지만 돈으로

속죄하고 서인(庶人)이 되었다.

1) 탄열현(呑列縣) 분려산(分黎山)에서 출발하여 서쪽으로 820리(里)를 흐른 후, 점선현(黏蟬縣)에 이르러 낙랑서해(樂浪西海)에 입해(入海)하는 열수(列水)가 있다.

낙랑군(樂浪郡) 속현(屬縣)들 중 하나인 열구현(列口縣)은 열구(列口)라는 지명을 차용하여 설치한 현(縣)으로 열구(列口)는 낙랑서해(樂浪西海)에 위치한다.

2) 고조선(古朝鮮)의 수도 왕험성(王險城)에 이르는 진군로(進軍路) 중 하나는 대요수(大遼水)를 넘어 낙랑(樂浪) 땅 서북부 지역을 지나 낙랑(樂浪) 땅 동남부 지역으로 향하는 것이고, 다른 하나는 수군(水軍)을 활용하여 낙랑서해(樂浪西海)를 건너는 것이다.

한(漢)이 선택한 전략은 수군(水軍)인 누선장군(樓船將軍) 양복(楊僕)의 군대가 낙랑서해(樂浪西海) 열구(列口)에 도착한 후, 육군(陸軍)인 좌장군(左將軍) 순체(荀彘)의 군대와 함께 낙랑서해(樂浪西海)를 건너 동쪽으로 고조선(古朝鮮)의 수도 왕험성(王險城)으로 진군(進軍)하는 것이었다.

하지만 육군(陸軍)인 좌장군(左將軍) 순체(荀彘)의 군대는 패수(浿水) 서쪽에 주둔하고 있던 고조선(古朝鮮) 군대와의 첫 전투에서 패했으며, 패수(浿水) 일대에서 치열한 전투가 벌어져 진군(進軍)할 수 없었다.

누선장군(樓船將軍) 양복(楊僕)은 군사 7천여 명을 이끌고 고조선(古朝鮮)의 수도 왕험성(王險城)으로 진군(進軍)했다가 낙랑조선(樂浪朝鮮)의 왕(王)인 우거(右渠)의 공격을 받고 패했다.

전쟁이 끝난 후, 누선장군(樓船將軍) 양복(楊僕)은 열구(洌口)에서 좌장군(左將軍) 순체(荀彘)의 군대를 기다리지 않고 먼저 공격하여 많은 군사를 잃은 죄의 값을 돈으로 속죄하고 서인(庶人)이 되었다.

3) 순체(荀彘)의 군대는 패수(浿水)를 건너 진요동(秦遼東)을 지나야만 열구(洌口)에서 기다리는 양복(楊僕)의 수군(水軍)을 만날 수 있으므로 패수(浿水)는 낙랑서해(樂浪西海) 열구(列口) 서쪽에 위치하고 있다.

수경주(水經注)의 저자는 한(漢)과 고조선(古朝鮮) 간(間) 국경인 패수(浿水)를
한서지리지(漢書地理志)에 기록된 전한낙랑군(前漢樂浪郡) 패수(浿水)와
동일(同一)한 하천으로 오인하였고, 전한낙랑군(前漢樂浪郡)
패수(浿水)와 후한낙랑군(後漢樂浪郡) 패수(浿水)를 구분하지 못했다.

한서지리지(漢書地理志) 낙랑군(樂浪郡) 편(篇)에 의하면

浿水 水西至增地入海

패수현(浿水縣), 패수(浿水)가 서(西)로 흘러 증지현(增地縣)에 이르러 입해(入海)한다.

수경(水經) 패수(浿水) 편(篇)에 의하면

浿水出樂浪鏤方縣 東南過臨浿縣 東入于海

패수(浿水)는 낙랑군(樂浪郡) 누방현(鏤方縣)을 나와 동남쪽 임패현(臨浿縣)을 지나
동쪽으로 입해(入海)한다.

수경주(水經注) 패수(浿水) 편(篇)에 의하면

許慎云 浿水出鏤方 東入海 一曰出浿水縣 十三州志曰 浿水縣在樂浪東北
鏤方縣在東 盖出其縣南逕鏤方也

허신(許慎)이 말하기를 '패수(浿水)는 누방현(鏤方縣)을 나와 동쪽으로 해(海)로
들어가는데 혹은 패수현(浿水縣)을 나온다'고 했다.

십삼주지(十三州志)에서 말하기를 '패수현(浿水縣)은 낙랑군(樂浪郡)의 동북부 지역에
있고, 누방현(鏤方縣)은 낙랑군의 동부 지역에 있는데 패수(浿水)는 패수현(浿水縣)
남쪽에서 나와 누방현(鏤方縣)을 지난다'고 했다.

漢武帝元封二年 遣樓船將軍楊僕 左將軍荀彘 討右渠 破渠于浿水 遂滅之

한(漢) 무제(武帝) 원봉(元封) 2년, 누선장군(樓船將軍) 양복(楊僕)과 좌장군(左將軍)
순체(荀彘)를 보내 우거(右渠)를 토벌하였는데, 우거(右渠)를 패수(浿水)에서 깨뜨려
드디어 우거(右渠)를 멸(滅)했다.

1) 한서지리지(漢書地理志)에 기록된 전한낙랑군(前漢樂浪郡) 패수(浿水)는 서쪽으로 흘러 낙랑서해(樂浪西海)에 입해(入海)한다.

2) 수경(水經)에 의하면, 패수(浿水)는 누방현(鏤方縣)에서 출발하여 동쪽으로 흘러 입해(入海)한다.

   허신(許愼)〈AD 30 ~ 124년〉 또한 '패수(浿水)는 누방현(鏤方縣)에서 나와 동쪽으로 흘러 입해(入海)한다'고 기록했다.

   수경(水經)의 저자와 허신(許愼)은 본인들이 활동하던 시기의 패수(浿水)인 후한낙랑군(後漢樂浪郡) 패수(浿水)를 기록한 것이다.

3) BC 106년, 한(漢)은 영토를 13개의 주(州)로 나누었으며, 13개 주(州)에 대한 기록으로 십삼주지(十三州志)가 만들어졌다.

   십삼주지(十三州志)에 기록된 패수(浿水)는 단단대령(單單大嶺) 서쪽 전한낙랑군(前漢樂浪郡) 패수(浿水)를 지칭(指稱)한다.

4) 십삼주지(十三州志)에 의하면 패수현(浿水縣)은 낙랑군(樂浪郡) 동북부 지역에 위치하며, 누방현(鏤方縣)은 패수현(浿水縣) 남쪽에 접(接)해 있다.

   패수현(浿水縣)과 누방현(鏤方縣)은 전한낙랑군(前漢樂浪郡) 동쪽 경계인 단단대령(單單大嶺) 일대에 위치하고 있는 것이다.

5) 수경주(水經注) 저자 역도원(酈道元)은 한(漢)과 고조선(古朝鮮) 간(間) 국경인 패수(浿水)를 한서지리지(漢書地理志)에 기록된 전한낙랑군(前漢樂浪郡) 패수(浿水)와 동일(同一)한 하천으로 오인했다.

   수경(水經)에 기록된 패수(浿水)는 전한낙랑군(前漢樂浪郡) 패수(浿水)가 아니라 후한낙랑군(後漢樂浪郡) 패수(浿水)를 기록한 것임에도 불구하고 역도원(酈道元)은 그 사실을 인지하지 못해 '수경(水經)이 그릇되게 기록하였다'는 잘못된 주장을 했다.

장수왕평양성(長壽王平壤城)의 위치는 전한낙랑군(前漢樂浪郡) 패수(浿水)
북쪽이며, 고조선(古朝鮮)의 수도 왕험성(王險城)이 서쪽에 인접(隣接)해 있다.

수경주(水經注) 패수(浿水) 편(篇)에 의하면

昔燕人衞滿 自浿水西 至朝鮮 朝鮮故箕子國也 箕子教民以義 田織信厚

約以八法 而下知禁 遂成禮俗 戰國時 滿乃王之 都王險城 地方數千里

至其孫右渠 漢武帝元封二年 遣 樓船將軍楊僕 左將軍荀彘 討 右渠

破渠于浿水 遂滅之 若浿水東流 無渡浿之理 其地今高句麗之國治

余訪蕃使 言城在浿水之陽 其水西流 逕故樂浪朝鮮縣即樂浪郡治 而西北流

故地理志曰 浿水西至增地縣入海 又漢興以朝鮮為遠 循遼東故塞 至浿水為界

考之今古于事差謬 盖經誤證也

옛 연인(燕人) 위만(衞滿)은 패수(浿水) 서(西)쪽으로부터 조선(朝鮮)에 이르렀는데
조선(朝鮮)은 옛 기자(箕子)의 나라이다.

기자(箕子)는 의(義)를 가르치고 밭 갈기와 옷감 짜기를 신후(信厚)로 알게 했으며
8법으로 조약하여 금(禁)하는 것을 알게 하니 드디어 예절과 풍속을 이루었다.

전국(戰國)시대에 만(滿)이 왕(王)이 되어 왕험성(王險城)에 도읍했는데
방수천리(方數千里)였다.

그 자손(子孫)인 우거(右渠)에 이르러 한(漢) 무제(武帝) 원봉(元封) 2년,
누선장군(樓船將軍) 양복(楊僕)과 좌장군(左將軍) 순체(荀彘)를 보내 우거(右渠)를
토벌하였는데, 우거(右渠)를 패수(浿水)에서 깨뜨려 마침내 우거(右渠)를 멸(滅)했다.

만약 패수(浿水)가 동쪽으로 흘렀다면, 동쪽으로 건너는 것은 가능하지 않다.

그 땅은 지금 고구려(高句麗)가 다스리는데 고구려(高句麗) 사신을 만나서 물으니
대답하기를 '성(城)은 패수(浿水) 북쪽에 있고 패수(浿水)는 서쪽으로 흘러 고(故)
낙랑군(樂浪郡) 군치(郡治) 조선현(朝鮮縣)을 지나 서북쪽으로 흐른다'고 했다.

한서지리지(漢書地理志)에서 패수(浿水)는 서쪽으로 증지현(增地縣)에
이르러 입해(入海)한다고 했다. 또한 한(漢)이 건국하고 조선(朝鮮)이 멀어서
요동고새(遼東故塞)를 복원하고 패수(浿水)를 경계로 한 것이다.

이것을 고찰(考察)하여 보면, 옛 일에 대한 어긋남이 있는데 모두 수경(水經)의
어긋남을 증명하는 것이다.

1) 수경주(水經注)의 저자 역도원(酈道元)은 고조선(古朝鮮)의 서쪽 국경인 패수(浿水)와 전한낙랑군패수(前漢樂浪郡浿水)를 동일(同一)한 하천으로 오인하였으며, 후한낙랑군패수(後漢樂浪郡浿水)가 존재했었다는 사실을 인지하지 못했다.

이에 역도원(酈道元)은 수경(水經) 패수(浿水) 편(篇)에 주석을 달다가 패수(浿水)가 흐르는 방향에 의구심을 가지게 되었다.

역도원(酈道元)은 '만약 패수(浿水)가 동쪽으로 흘렀다면 위만(衛滿)이 패수(浿水)를 서쪽에서 동쪽으로 건너 고조선(古朝鮮)에 이르는 것은 가능하지 않다'고 했지만, 패수(浿水)가 서쪽으로 흘렀어도 동쪽으로 건너는 것은 가능하지 않다.

2) 역도원(酈道元)이 마침 북위(北魏)를 방문한 고구려(高句麗) 사신에게 패수(浿水)의 흐름에 대해 물었다.

고구려(高句麗)의 사신은 '성(城)은 패수(浿水) 북쪽에 위치하고, 패수(浿水)는 서쪽으로 흘러 조선현(朝鮮縣)을 지난다'고 전한낙랑군(前漢樂浪郡) 패수(浿水)에 대해 설명했다.

당시 고구려(高句麗) 수도인 평양성(平壤城)의 위치는 전한낙랑군(前漢樂浪郡) 패수(浿水) 북쪽이며, 조선현(朝鮮縣)이 평양성(平壤城) 서쪽에 인접(隣接)해 있다는 중요한 기록이다.

3) AD 427년, 고구려(高句麗) 장수왕(長壽王)은 낙랑(樂浪) 땅에 축성(築城)한 평양성(平壤城)으로 천도하였으며, 이하 장수왕평양성(長壽王平壤城)이라 칭(稱)한다.

AD 586년, 고구려(高句麗)는 장수왕평양성(長壽王平壤城)에서 마지막 수도인 장안성(長安城)으로 천도했다.

역도원(酈道元)이 북위(北魏)를 방문한 고구려(高句麗) 사신을 만났을 때, 고구려(高句麗)의 수도는 장수왕평양성(長壽王平壤城)이다.

장수왕평양성(長壽王平壤城)의 위치는 전한낙랑군(前漢樂浪郡) 패수(浿水) 북쪽이며, 서쪽에는 고조선(古朝鮮)의 수도였던 왕험성(王險城)이 인접(隣接)해 있다.

학설 46)

위략(魏略)을 편찬한 어환(魚豢)과 위략(魏略)의 기록을 삼국지(三國志)에 인용한
진수(陳壽)는 대요수(大遼水) 동쪽에 위치한 번한현패수(番汗縣沛水)를 진(秦)과
고조선(古朝鮮) 간(間) 국경인 패수(沛水)와 동일(同一)한 하천으로 오인했다.
그럼에도 불구하고 어환(魚豢)과 진수(陳壽)는 연(燕)이 고조선(古朝鮮)을
패수(沛水) 동쪽으로 밀어냈음을 인지하고 있었던 학자들이다.

한서지리지(漢書地理志) 요동군(遼東郡) 편(篇)에 의하면

望平 大遼水出塞外 南至安市 入海行千二百五十里
망평현(望平縣), 대요수(大遼水)가 새외(塞外)에서 들어와 남쪽으로 흘러
안시현(安市縣)에 이르러 입해(入海)한다. 1,250리(里)를 흐른다.

番汗 沛水出塞外 西南入海
번한현(番汗縣), 패수(沛水)가 새(塞) 밖에서 들어와 서남쪽으로 흘러 입해(入海)한다.

삼국지(三國志) 위서동이전(魏書東夷傳)에 의하면

燕乃遣將秦開攻其西方 取地二千餘里 至滿番汗爲界 朝鮮遂弱
연(燕)의 장수 진개(秦開)가 고조선(古朝鮮)의 서방(西方) 땅을 공격하여
2,000여리(二千餘里)를 빼앗았으며, 만번한(滿番汗)을 경계로 삼으니 고조선(古朝鮮)이
약해졌다.

후한서군국지(後漢書郡國志) 요동군(遼東郡) 편(篇)에 의하면

대요수(大遼水) 동쪽에 접(接)해 있는 요동군(遼東郡) 군치(郡治) 양평현(襄平縣)은
낙양(洛陽) 동북(東北) 3,600리(里) 지점에 위치했다.

후한서군국지(後漢書郡國志) 우북평군(右北平郡) 편(篇)에 의하면

요수(遼水) 서쪽 후한(後漢) 우북평군(右北平郡) 군치(郡治) 토은현(土垠縣)은
낙양(洛陽) 동북(東北) 2,300리(里) 지점에 위치했다.

1) 대요수(大遼水)는 남쪽으로 흘러 낙랑서해(樂浪西海)에 입해(入海)하고, 번한현패수(番汗縣沛水)는 서남쪽으로 흘러 낙랑서해(樂浪西海)에 입해(入海)한다.

   번한현패수(番汗縣沛水)는 대요수(大遼水) 동쪽에 위치하고 있다.

2) 번한현패수(番汗縣沛水)가 진(秦)과 고조선(古朝鮮) 간(間) 국경인 패수(沛水)와 동일(同一)한 하천이라면 만리장성동단(萬里長城東端)은 대요수(大遼水)를 넘어 번한현(番汗縣) 일대에 위치해야 한다.

   하지만 만리장성동단(萬里長城東端)은 대요수(大遼水) 서쪽에 위치한다.

   번한현패수(番汗縣沛水)는 진(秦)과 고조선(古朝鮮) 간(間) 국경인 패수(沛水)와 동일(同一)한 하천이 아니다.

3) 삼국지(三國志)를 편찬한 진수(陳壽)는 위략(魏略)의 기록을 인용하여 '연(燕)이 고조선(古朝鮮)의 서방(西方) 땅 2,000여 리(里)를 빼앗았고, 만번한(滿番汗)을 경계로 삼았다'고 기록했다.

   어환(魚豢)과 진수(陳壽)는 번한현패수(番汗縣沛水)를 진(秦)과 고조선(古朝鮮) 간(間) 국경인 패수(沛水)와 동일(同一)한 하천으로 오인했으며, 그 결과 만번한(滿番汗)을 진(秦)과 고조선(古朝鮮) 간(間) 국경으로 오인했다.

4) 후한서군국지(後漢書郡國志)에 의하면 연(燕) 진개(秦開)의 동정(東征) 이전, 연(燕)의 동쪽 국경인 요수(遼水)와 대요수(大遼水) 간(間) 거리는 후한(後漢) 기준척(基準尺)으로 대략 1,000리(里)이다.

   대요수(大遼水)와 번한현(番汗縣) 간(間) 거리 또한 대략 1,000리(里)이므로, 두 거리를 합산해 2,000여 리(里)로 기록한 것이다.

5) 번한현패수(番汗縣沛水)를 진(秦)과 고조선(古朝鮮) 간(間) 국경인 패수(沛水)로 오인했지만, 어환(魚豢)과 진수(陳壽)는 연(燕)이 고조선(古朝鮮)을 패수(沛水) 동쪽으로 밀어냈음을 인지하고 있었던 학자들이다.

수경주(水經注)의 저자 역도원(酈道元)은 고죽국요수(孤竹國遼水)와

대요수(大遼水)를 동일(同一)한 하천으로 오인하였고, 연장성동단(燕長城東端)

양평현(襄平縣)과 대요수(大遼水) 동쪽에 접(接)해 있는 한(漢) 요동군(遼東郡)

군치(郡治) 양평현(襄平縣)을 동일(同一)한 위치로 오인했다.

회남자(淮南子) 추형훈(墜形訓) 편(篇)에 의하면

遼出砥石

요수(遼水)는 지석산(砥石山)에서 발원한다.

수경(水經) 대요수(大遼水) 편(篇)에 의하면

大遼水出塞外衛白平山 東南入塞 過遼東襄平縣西

대요수(大遼水)는 새외(塞外)의 위백평산(衛白平山)에서 발원하여 동남쪽으로 흘러
새(塞)로 들어간 후, 요동군(遼東郡) 양평현(襄平縣) 서쪽을 지난다.

수경(水經) 소요수(小遼水) 편(篇)에 의하면

玄菟 高句麗縣有遼山 小遼水所出 西南至遼隊縣入于大遼水也

현토군(玄菟郡), 고구려현(高句麗縣) 요산(遼山)에서 소요수(小遼水)가 시작된다.
서남쪽으로 흘러 요대현(遼隊縣)에 이르러 대요수(大遼水)로 들어간다.

수경주(水經注) 대요수(大遼水) 편(篇)에 의하면

遼水亦言出砥石山 自塞外東流 直遼東之望平縣西 屈而西南流
逕襄平縣故城西 秦始皇二十二年滅燕 置遼東郡 治此 漢高帝八年
封紀通為侯國 王莽之昌平也 故平州治

요수(遼水)는 지석산(砥石山)에서 발원하여 새외(塞外)에서 동쪽으로 흘러
요동(遼東) 망평현(望平縣) 서쪽으로 들어오는데, 굽어서 서남쪽으로 흘러
양평현(襄平縣) 옛 성(城)의 서쪽을 지난다.
진(秦) 시황(始皇) 22년, 연(燕)을 멸망시키고 요동군(遼東郡)을 두었는데
양평현(襄平縣) 에서 다스렸다.
한(漢) 고제(高帝) 8년, 기통(紀通)을 봉(封)하여 후국(侯國)이 되었는데 왕망(王莽)이
창평(昌平)으로 바꾸었으며 옛 평주(平州)의 치소(治所)이다.

1) 회남자(淮南子)는 고조선(古朝鮮) 멸망 이전에 편찬된 책으로 회남자(淮南子)에 기록된 요수(遼水)는 대요수(大遼水)가 아니라 패수(浿水) 서쪽에 위치한 고죽국요수(孤竹國遼水)이다.

고죽국요수(孤竹國遼水)의 발원지(發源地)는 지석산(砥石山)이다.

수경(水經)에 의하면 대요수(大遼水)의 발원지(發源地)는 위백평산(衛白平山)이며, 소요수(小遼水)의 발원지(發源地)는 요산(遼山)이다.

수경주(水經注)에 의하면 대요수(大遼水)의 발원지(發源地)는 지석산(砥石山)이다.

역도원(酈道元)은 수경(水經) 대요수(大遼水) 편(篇)에 주석을 달면서 대요수(大遼水)가 아닌 고죽국요수(孤竹國遼水)의 발원지(發源地)를 기록했다.

수경주(水經注)의 저자 역도원(酈道元)은 패수(浿水) 서쪽에 위치한 고죽국요수(孤竹國遼水)와 패수(浿水) 동쪽에 위치한 대요수(大遼水)를 동일(同一)한 하천으로 오인했다.

2) 역도원(酈道元)은 요수(遼水)가 양평현고성(襄平縣故城) 서쪽을 지난다고 기록하면서 양평현(襄平縣)에 대한 주석을 달았는데, 한고제(漢高帝) 8년은 고조선(古朝鮮) 멸망 이전으로 이때의 양평현(襄平縣)은 대요수(大遼水) 동쪽 양평현(襄平縣)이 아니라 패수(浿水) 서쪽 연장성동단(燕長城東端) 양평현(襄平縣)이다.

반면, 고(故) 평주(平州)의 치소(治所) 양평현(襄平縣)은 후한말(後漢末)에 공손도(公孫度)가 스스로 평주목(平州牧)이라고 칭(稱)했을 때, 공손도(公孫度)의 본거지이며, 대요수(大遼水) 동쪽 한(漢) 요동군(遼東郡) 군치(郡治) 양평현(襄平縣)과 동일(同一)한 위치이다.

역도원(酈道元)은 연장성동단(燕長城東端) 양평현(襄平縣)과 대요수(大遼水) 동쪽에 접(接)해 있는 한(漢) 요동군(遼東郡) 양평현(襄平縣)을 동일(同一)한 현(縣)으로 오인했다.

한서지리지(漢書地理志)와 수경주(水經注)를 읽은 학자들 중 일부가
대요수(大遼水)를 고죽국요수(孤竹國遼水)와 동일(同一)한 하천으로 오인했다.
수서(隋書) 배구열전(裴矩列傳)에 기록된 '고구려(高句麗)가 점유한 대요수(大遼水)
지역이 고죽국(孤竹國)의 영토였다'는 배구(裴矩)의 잘못된 주장은 고구려(高句麗)를
멸망에 이르게 한 요인들 중 하나였다.
배구(裴矩)의 잘못된 주장은 수서(隋書), 구당서(舊唐書), 신당서(新唐書),
삼국사기(三國史記), 삼국유사(三國遺事) 등에 반영되었다.

회남자(淮南子) 추형훈(墜形訓) 편(篇)에 의하면

遼出砥石
요수(遼水)는 지석산(砥石山)에서 발원한다.

수경주(水經注) 대요수(大遼水) 편(篇)에 의하면

遼水亦言出砥石山 自塞外東流 直遼東之望平縣西
요수(遼水)는 지석산(砥石山)에서 발원하여 새외(塞外)에서 동쪽으로 흐르며,
요동(遼東) 망평현(望平縣) 서쪽으로 들어온다.

한서지리지(漢書地理志) 요동군(遼東郡) 편(篇)에 의하면

望平 大遼水出塞外 南至安市 入海 行千二百五十里
망평현(望平縣), 대요수(大遼水)가 새외(塞外)에서 들어와 남쪽으로 흘러
안시현(安市縣)에 이르러 입해(入海)한다. 1,250리(里)를 흐른다.

한서지리지(漢書地理志) 현도군(玄菟郡) 편(篇)에 의하면

高句驪 遼山遼水所出 西南至遼隊 入大遼水
고구려현(高句驪玄), 요산(遼山)에서 요수(遼水)가 시작된다.
서남쪽으로 흘러 요대현(遼隊縣)에 이르러 대요수(大遼水)로 들어간다.

수경(水經) 소요수(小遼水) 편(篇)에 의하면

玄菟 高句麗縣有遼山小遼水所出 西南至遼隊縣入于大遼水也
현토군(玄菟郡), 고구려현(高句麗縣) 요산(遼山)에서 소요수(小遼水)가 시작된다.
서남쪽으로 흘러 요대현(遼隊縣)에 이르러 대요수(大遼水)로 들어간다.

1) 고죽국요수(孤竹國遼水)의 발원지(發源地)는 지석산(砥石山)이다.

수경주(水經注) 대요수(大遼水) 편(篇)의 '요수(遼水)는 지석산(砥石山)에서 발원한다'는 기록은 고죽국요수(孤竹國遼水)와 대요수(大遼水)를 동일(同一)한 하천으로 오인하게 만든다.

고죽국요수(孤竹國遼水)와 대요수(大遼水)를 동일(同一)한 하천으로 오인하게 되면, 고죽국요수(孤竹國遼水) 동쪽에 위치한 한(漢)과 고조선(古朝鮮) 간(間) 국경인 패수(浿水)와 대요수(大遼水) 동쪽에 위치한 낙랑군(前漢樂)에서 흐르는 패수(浿水)를 동일(同一)한 하천으로 오인하게 된다.

나아가 고죽국요수(孤竹國遼水) 동쪽은 고죽국(孤竹國)의 영토이므로 학자들은 대요수(大遼水) 동쪽에 고죽국(孤竹國)의 영토가 있다고 오인하게 된다.

일부 학자들은 '대요수(大遼水) 동쪽 지류인 소요수(小遼水)의 발원지(發源地)가 고구려현(高句麗玄)의 요산(遼山)'이라는 기록을 보면서, '고구려(高句麗)의 전신(前身)은 고죽국(孤竹國)'이라는 주장을 하기도 했다.

BC 664년, 멸망한 고죽국(孤竹國) 유민들이 고조선(古朝鮮)으로 망명했을 가능성은 있지만, 그 외에는 일고의 가치도 없다.

2) 수서(隋書) 배구열전(裴矩列傳)에 의하면, 배구(裴矩)는 '고구려(高句麗)가 고죽국(孤竹國)의 영토를 점유했다'고 주장했다.

수양제(隋煬帝)에게 고구려(高句麗)와의 전쟁을 부추긴 것이다.

배구(裴矩)는 당시 고구려(高句麗)의 영토인 대요수(大遼水) 일대가 본래 고죽국(孤竹國)의 영토, 즉 고중국(古中國)의 영토였다는 잘못된 역사지식을 갖고 있었다.

배구(裴矩)의 잘못된 주장은 후대에 편찬된 구당서(舊唐書) · 신당서(新唐書) · 삼국사기(三國史記) · 삼국유사(三國遺事) 등에 반영되었다.

예맥(濊貊) 땅 서부 지역에 소수맥(小水貊)과 구려(句驪)가 위치했고,
중부 지역에는 옥저(沃沮)가 위치했다.
예맥(濊貊) 땅 서부 지역에는 한(漢) 요동군(遼東郡) 서안평현(西安平縣)과 두
번째 현도군(玄菟郡)이 설치되었고, 중부 지역에는 첫 번째 현도군(玄菟郡)이
설치되었었다.

사기(史記) 권110 흉노열전(匈奴列傳)에 의하면

諸左方王將居東方 直上谷以往者東接穢貊朝鮮
모든 좌방(左方) 왕(王)과 장(將)은 동방(東方)에 거주하였으며,
상곡(上谷)에서부터 동쪽을 맡아 예맥조선(濊貊朝鮮)에 접(接)해 있었다.

후한서군국지(後漢書郡國志) 요동군(遼東郡) 편(篇)의 서안평현(西安平縣)에 대한 주석
에 의하면

魏氏春秋曰 縣北有小水 南流入海 句驪別種 因名之小水貊
위씨춘추(魏氏春秋)에 의하면 현(縣)의 북쪽 소수(小水)는 남쪽으로 흘러 입해(入海)한다.
구려(句驪)의 별종(別種)이 그 이름으로 인해 소수맥(小水貊)이라 불린다.

한서지리지(漢書地理志) 현도군(玄菟郡) 편(篇)에 의하면

玄菟郡 武帝元封四年開 戶四萬五千六 口二十二萬一千八百四十五 縣三
髙句驪 遼山遼水所出 西南至遼隊入大遼水 又有南蘇水西北經塞外 上殷台
西蓋馬 馬訾水西北入鹽難水 西南至西安平入海 過郡二 行二千一百里
현도군(玄菟郡), 무제(武帝) 원봉(元封) 4년에 시작되었다. 호(戶)는 45,006이고
구(口)는 221,815이다. 현(縣)은 3개이다. 고구려현(髙句驪玄) <요산(遼山)에서
요수(遼水)가 시작된다. 서남쪽으로 흘러 요대현(遼隊縣)에 이르러 대요수(大遼水)로
들어간다. 또한 남소수(南蘇水)가 있는데 서북쪽으로 새(塞) 밖을 지난다>,
상은태현(上殷台縣), 서개마현(西蓋馬縣) <마자수(馬訾水)는 서북쪽으로 흘러
염난수(鹽難水)와 합류하고, 서남쪽으로 흘러 서안평현(西安平縣)에 이르러
입해(入海)한다 2개의 군(郡)을 지나고 2,100리(里)를 흐른다>.

1) 한(漢) 동쪽에는 낙랑조선(樂浪朝鮮)이 접(接)해 있었으며, 흉노(匈奴) 동쪽에는 예맥조선(濊貊朝鮮)이 접(接)해 있었다.

흉노(匈奴) 동쪽 예맥(濊貊) 땅 서부 지역에 설치된 한(漢) 요동군(遼東郡) 서안평현(西安平縣)에는 구려(句驪)의 별종(別種)인 소수맥(小水貊)이 거주하고 있었다.

고중국(古中國)의 입장에서는 예맥(濊貊) 땅 서부 지역을 점유할 경우, 흉노(匈奴)와 예맥(濊貊) 간(間) 동맹을 차단할 수 있다.

한(漢)은 예맥(濊貊) 땅 서부 지역에 서안평현(西安平縣)을 설치하여 요동군(遼東郡)에 편입시켰다.

2) '서안평현(西安平縣)에는 소수(小水)가 흐르는데 남쪽으로 흘러 입해(入海)한다'고 기록되어 있으므로 서안평현(西安平縣)의 남쪽 한계는 해(海)이며, 여기서의 해(海)는 내륙 깊숙한 곳에 위치하고 있으므로 바다가 아니다.

이하 '예맥(濊貊) 땅의 해(海)'라 칭(稱)한다.

3) '두 번째 현도군(玄菟郡)에서 흐르는 마자수(馬訾水)가 서안평현(西安平縣)에 이르러 입해(入海)한다'고 기록되어 있다.

한(漢)의 두 번째 현도군(玄菟郡) 또한 예맥(濊貊) 땅 서부 지역에 위치하며, 마자수(馬訾水)는 '예맥(濊貊) 땅의 해(海)'에 입해(入海)한다.

4) 후한서(後漢書) 동이열전(東夷列傳) 예(濊) 편(篇)에 의하면 '현도(玄菟)는 다시 구려(句驪)로 되돌려 옮겼다'고 기록되어 있다.

예맥(濊貊) 땅 서부 지역에 위치한 두 번째 현도군(玄菟郡)의 영토는 본래 구려(句驪)의 영토였다.

5) 후한서(後漢書) 동이열전(東夷列傳) 옥저(沃沮) 편(篇)에 의하면 첫 번째 현도군(玄菟郡)이 설치되었던 예맥(濊貊) 땅 중부 지역에는 옥저(沃沮)라 불린 예맥(濊貊) 일파(一派)가 거주하고 있었다.

> **학설 50)**
>
> 요(遼)는 예맥(濊貊) 땅 서부 지역에 상경(上京)을 설치하며 건국했다.
>
> 요(遼)는 진요동(秦遼東)에 중경(中京), 낙랑(樂浪) 땅에 동경(東京)을 설치하고,
>
> 국력(國力)을 신장(伸張)한 후, 고중국(古中國)의 영토 내(內)에 남경(南京)과
>
> 서경(西京)을 설치하였으므로 고조선(古朝鮮)에 대해 계승의식(繼承意識)을 가지고
>
> 있었다.

후한서군국지(後漢書郡國志) 요동군(遼東郡) 편(篇)의 서안평현(西安平縣)에 대한 주석에 의하면

> 魏氏春秋曰 縣北有小水 南流入海 句驪別種 因名之小水貊
> 위씨춘추(魏氏春秋)에 의하면 현(縣)의 북쪽에 소수(小水)가 있는데 남쪽으로 흘러 입해(入海)한다. 구려(句驪)의 별종(別種)이 그 이름으로 인해 소수맥(小水貊)이라 불린다.

요사지리지(遼史地理志) 상경임황부(上京臨潢府) 편(篇)에 의하면

> 上京臨潢府 本漢遼東郡西安平之地
> 상경임황부(上京臨潢府), 본래 한(漢) 요동군(遼東郡) 서안평현(西安平縣)의 땅이다.
> 上京 太祖創業之地 負山抱海
> 상경(上京), 태조(太祖)가 창업(創業)한 땅이다. 산을 등지고 해(海)를 안고 있다.

한서지리지(漢書地理志) 요서군(遼西郡) 편(篇)에 의하면

> 遼西郡 有小水四十八 并行三千四十六里 柳城 馬首山在西南 參桺水北入海
> 西部都尉治
> 요서군(遼西郡), 소수(小水)가 48개이며, 모두 합쳐 3,416리(里)를 흐른다.
> 유성현(柳城縣), 마수산(馬首山)이 서남에 있다. 참류수(參桺水)가 북쪽으로 흘러 입해(入海)한다. 서부도위(西部都尉)가 다스린다.

요사(遼史) 권49 에 의하면

> 遼本朝鮮故壤 箕子八條之敎 流風遺俗 蓋有存者
> 요(遼)는 본래 조선(朝鮮)의 옛 땅이며, 기자(箕子)의 팔조금법(八條禁法) 관습과 전통을 보존하고 있다.

1) '예맥(濊貊) 땅의 해(海)' 북쪽에는 소수맥(小水貊)이 거주하고 있었으며, 이곳은 예맥(濊貊) 땅 서부 지역으로 예맥조선(濊貊朝鮮)의 영토였다.

2) 요(遼) 상경(上京)이 위치한 곳 또한 '예맥(濊貊) 땅의 해(海)' 북쪽 지역이다.

요(遼) 상경(上京)은 서안평현(西安平縣)에 설치되었으며, 요(遼) 상경(上京)이 안고 있다는 해(海)는 '예맥(濊貊) 땅의 해(海)'이다.

3) 한(漢) 요서군(遼西郡) 유성현(柳城縣)에서 흐르는 참류수(參柳水)는 북쪽으로 흘러 '예맥(濊貊) 땅의 해(海)'에 입해(入海)했다.

요(遼)는 유성현(柳城縣) 일대에 중경(中京)을 설치했다.

그후, 요(遼)는 낙랑(樂浪) 땅을 영토로 편입한 발해국(渤海國)을 멸망시켰으며, 대요수(大遼水) 동쪽 낙랑(樂浪) 땅에 동경(東京)을 설치했다.

4) 요(遼)의 수도 상경(上京)을 포함하여 요(遼) 5경(京) 중 3경(京)이 고조선(古朝鮮)의 영토 내(內)에 설치되었기 때문에 요(遼)는 고려(高麗)를 향해 '고조선(古朝鮮)과 고구려(高句驪)를 본인들이 승계(承繼)했다'고 주장했다.

5) 요(遼)가 예맥조선(濊貊朝鮮) 땅에서 건국하여 낙랑조선(樂浪朝鮮) 땅까지 영토로 편입하였으므로 일견(一見) 타당하다고 할 수 있다.

하지만 요(遼)가 예맥조선(濊貊朝鮮) 서부 지역에서 건국할 수 있었던 것은 예맥(濊貊) 일파(一派)들이 한(漢)에 복속되지 않고 동쪽으로 이주하면서 예맥(濊貊) 땅 서부 지역이 무주지(無主地)가 되었기 때문이다.

더욱이 요(遼)가 낙랑조선(樂浪朝鮮)의 땅까지 점유할 수 있었던 것은 발해국(渤海國)을 멸망시킨 침략의 결과이다.

6) 남송(南宋)이 중원(中原)을 상실했다고 고중국(古中國)의 승계국(承繼國)이 아니라고 주장할 수 없듯이, 고려(高麗)가 예맥(濊貊) 땅을 모두 수복하지 못했다고 고구려(高句驪)의 승계국(承繼國)이 아니라고 주장할 수는 없다.

동북아고대사정립(東北亞古代史正立) 1을 마치며

동북아고대사정립(東北亞古代史正立)의 입문학설(入門學說)로 인해, [고조선 패수(浿水)]가 대요수(大遼水) 동쪽에 위치한다'는 한중일학계(韓中日學界)의 통설(通說)은 논파(論破)되었습니다.

하지만 동북아고대사정립(東北亞古代史正立)의 입문학설(入門學說)이 기존의 통설(通說)을 대체하여 새로운 한중일학계(韓中日學界)의 통설(通說)로 자리매김하기 위해서는 무엇보다도 [한국 학계]의 노력이 필요합니다.

서두에 언급한 바와 같이, 미국 상원 외교위원회(Senate Foreign Relations Committee)는 미국 의회조사국(CRS) 최종보고서를 발표하면서 '북한 영토에 대한 중국의 영유권 주장은 한반도 통일을 막는 요인이 될 수 있다'고 지적했습니다.

동북아고대사정립(東北亞古代史正立)의 입문학설(入門學說), 즉 [유미 학설]에 문제점이 없다면 하루빨리 역사교과서에 반영하기를 고대합니다.

동북아고대사정립(東北亞古代史正立)은 한반도의 통일에 기여하고, 나아가 동북아 평화에도 기여하는 대업(大業)이기 때문입니다.

동북아고대사정립(東北亞古代史正立) 1권에는 의도적으로 원서(原書)를 많이 수록했는데, 필자의 주장으로 독자의 혼란을 가중시키는 무책임한 책이 될 가능성을 경계했기 때문입니다.

원서(原書)의 내용과 필자의 생각을 비교하며 읽다 보면 '원서(原書)가 어렵지 않네'라는 생각이 들면서 필자처럼 역사적 사실을 탐구하는 일이 매우 흥미로운 취미 생활 중 하나로 자리매김할 수 있을 것입니다.

나아가 동북아고대사정립(東北亞古代史正立) 시리즈는 동북아고대사 학습서로 자리매김하기를 바라는 마음이 담겨 있습니다.